新公司法
修订导读与条文对照

刘 斌 主编

中国政法大学出版社

2024 · 北京

图书在版编目（CIP）数据

新公司法修订导读与条文对照/刘斌主编. —北京：中国政法大学出版社，2024.1
ISBN 978-7-5764-1350-2

Ⅰ.①新… Ⅱ.①刘… Ⅲ.①公司法—研究—中国 Ⅳ.①D922.291.914

中国国家版本馆CIP数据核字(2024)第011628号

书　名　新公司法修订导读与条文对照
XINGONGSIFA XIUDINGDAODU YU TIAOWENDUIZHAO
出版者　中国政法大学出版社
地　址　北京市海淀区西土城路 25 号
邮　箱　bianjishi07public@163.com
网　址　http://www.cuplpress.com (网络实名：中国政法大学出版社)
电　话　010-58908466(第七编辑部) 010-58908334(邮购部)
承　印　北京中科印刷有限公司
开　本　720mm×960mm　1/16
印　张　17
字　数　260 千字
版　次　2024 年 1 月第 1 版
印　次　2024 年 1 月第 1 次印刷
定　价　56.00 元

序 言

2023年12月30日凌晨，全国人大正式在网站公布了本轮修订后的《中华人民共和国公司法》（以下简称《公司法》）。新《公司法》删除了2018年《公司法》中16个条文，新增和修改了228个条文，其中涉及实质修改的合计112个条文。该法将对我国4800多万家公司产生巨大影响，广为理论界和实务界所关注。

为此，中国政法大学商法研究所、公司法修改工作专班成员刘斌副教授带领团队第一时间编写了《2023年〈公司法〉修订对照表及修订要点》，以供大家参考。该对照表以其简明的体系、清晰的标识、明确的要点，深受大家喜爱和关注，一经发布，当日即获得上百万次的浏览量，是刷爆朋友圈的爆款作品。为了进一步便利读者，作者团队对该表格进行了进一步的内容扩充，并增加了新《公司法》修订导读，是研读和学习新《公司法》的权威引路书。

本书的作者包括：刘斌、梅龄丰、梁樱子、徐恭平、王秋沣、杨宗浩、曹心怡、彭琪峰、蔡炜铭、魏炳蔚。

不足之处，请大家批评指正。

目　录

2023 年《公司法》修订导读

公司法的改革永远在路上。自我国 1993 年《公司法》制定以来，公司数量迅猛增长，已经成为我国市场经济中最重要的商事主体类型。立法机关于 1999 年、2004 年对个别条款进行了修改，2005 年对《公司法》进行了全面修订，2013 年、2018 年又对公司资本制度进行了两次修改。肇始于 2018 年的本轮《公司法》修改工作是我国《公司法》的第六次修改。

2023 年 12 月 29 日，第十四届全国人大常委会第七次会议审议通过了修订后的《公司法》。这是自 1993 年《公司法》制定以来的第六次修改，是自 2005 年《公司法》修订以来的第二次结构性改革，也是过去三十年中修订幅度最大的制度变革。新《公司法》的通过，宣告了为时五年多的本轮公司法立法工作圆满完成，但也意味着对公司法的解释工作又来到了新的历史起点。

2020 年 3 月起，本书编者作为公司法修改工作专班成员全程参加了本轮公司法的修订工作。在本轮公司法修订中，科学立法、民主立法、依法立法是立法工作遵循的基本原则，开门立法是凝聚共识的重要渠道。2023 年《公司法》立足于本土语境，凝聚了多数人的共识，而非简单逻辑推理的产物。2023 年《公司法》已然是一部具有中国特色的现代企业制度基本法，是一部现代化的《公司法》。

一、新《公司法》的审议过程

2021 年 12 月 24 日，《中华人民共和国公司法（修订草案）》（以下简称《公司法（修订草案一审稿）》）公布后，在中国人大网公开征求社会公众意见，共有 705 名网民提出了 4943 条意见，另收到来信 18 封。与此同时，还向相关部委、地方立法机关、企业界、主要法学院校、科研单位等定向征求意见。

2022 年 12 月 30 日，《中华人民共和国公司法（修订草案二次审议稿）》（以下简称《公司法（修订草案二审稿）》）经审议后公布，再次公开征求社会公众意见。

2023年9月1日，《中华人民共和国公司法（修订草案三次审议稿）》（以下简称《公司法（修订草案三审稿）》）经审议后公布，再次公开征求社会公众意见。

2023年12月29日，第十四届全国人大常委会第七次会议审议通过了修订后的《公司法》，自2024年7月1日起施行。

2023年《公司法》删除了2018年《公司法》中16个条文，新增和修改了228个条文，其中实质性修改了112个条文。本次修订，是1993年《公司法》制定以来的第六次修改，也是迄今为止规模最大的一次修订，将对我国4800多万家公司产生系统影响。

二、2023年《公司法》修订的目标定位

2012年以来，我国在深化国有企业改革、优化营商环境、加强产权保护、促进资本市场健康发展等领域，法律制度建设不断推进，公司法中相关制度亦需作相应调整。面对不断发展的商事实践，公司法领域在司法实践中也不断形成新的裁判规则，持续形塑着公司法律制度体系。本轮《公司法》修订的目标定位，系统反映在立法机关于2021年12月24日公布的《公司法（修订草案一审稿）》的审议说明之中，共包括四大方面。

（一）深化国有企业改革，完善中国特色现代企业制度

党的十八届三中全会决定提出，推动国有企业完善现代企业制度；健全协调运转、有效制衡的公司法人治理结构。党的十九届三中全会决定提出，将国有重点大型企业监事会职责划入审计署，不再设立国有重点大型企业监事会。党的十九届四中全会决定提出，要深化国有企业改革，完善中国特色现代企业制度；增强国有经济竞争力、创新力、控制力、影响力和抗风险能力。中共中央、国务院《关于深化国有企业改革的指导意见》等对推进国有企业改革发展作出具体部署。修改《公司法》，贯彻落实党中央关于深化国有企业改革决策部署，是巩固深化国有企业治理改革成果，完善中国特色现代企业制度，促进国有经济高质量发展的必然要求。

（二）持续优化营商环境，激发市场创新活力

营商环境是企业从设立、运行至退出各阶段的各种周边条件的总和，包括影响企业活动的政治因素、经济因素、法律因素、社会因素等。2013 年以来，我国持续推进商事制度改革，深入推进简政放权、放管结合、优化服务，持续改善营商环境。在注册资本登记、先照后证、证照分离、多证合一、企业注销登记、企业名称登记管理、电子营业执照等方面多点开花，形成了丰硕的商事制度改革成果。根据市场监督管理部门统计，我国公司数量从 2012 年的 1300 万家增长至 2023 年底的 4800 万家，增加了约 3500 万家。修改《公司法》，为方便公司设立、退出提供制度保障，为便利公司融资投资、优化治理机制提供更为丰富的制度性选择，降低公司运行成本，是推动打造市场化、法治化、国际化营商环境，更好地激发市场创新动能和活力的客观需要。

（三）完善产权保护制度，依法加强产权保护

产权保护是社会主义市场经济建设的重要议题，公司法既关系到国有产权和私有产权的保护，又关涉股权、债权等各类权利的保护。因此，完善和加强产权保护，既包括完善和加强国有企业的产权保护，也包括完善和加强民营企业的产权保护，以及国有企业和民营企业的平等保护。这是 2023 年《公司法》修改的重要动因。平等保护各类市场主体，建立在市场主体的法律制度基础之上。《公司法》所规定的公司资本制度、公司治理制度、法律责任等统一适用于包括国有公司和民营公司在内的各类公司，是平等保护产权的重要法律途径。同时，作为最为重要的市场主体类型，公司有着众多与之相关的利益主体，股东、实际控制人、董事、监事、高级管理人员、债权人、职工等的权责厘定和划分，关系着产权平等保护的目标实现。进一步而言，生产要素的有效利用、产权的有效保护与激励、企业优胜劣汰等目标的实现，同样需要进一步完善《公司法》上的出资形式、股份类别、解散清算等法律制度。

（四）健全资本市场基础性制度，促进资本市场健康发展

《公司法》是资本市场的基础性制度。近年来，上市公司虚假陈述、违反股东会和董事会的召开程序、非法召开债券持有人会议等损害投资者利益的情形频繁发生，凸显了相关制度的缺憾。修改《公司法》，完善公司资本、公司治理等基础性制度，加强对投资者特别是中小投资者合法权益的保护，是促进资本市场

健康发展、有效服务实体经济的重要举措。

三、2023年《公司法》修订的主要内容

结合立法机关关于《公司法（修订草案一审稿）》《公司法（修订草案二审稿）》《公司法（修订草案三审稿）》《公司法（修订草案）审议结果的报告》《公司法（修订草案四审稿）修改意见的报告》等文件，本轮公司法修订的主要内容包括以下方面。

（一）2023年《公司法》的新总则

1. 进一步完善公司法立法宗旨

为贯彻党的二十大精神，打造一流市场化、法治化、国际化营商环境，促进民营企业健康发展，加强职工合法权益保护，在立法目的中增加“完善中国特色现代企业制度，弘扬企业家精神”和公司法应保护职工合法权益。为贯彻落实宪法关于国家完善“企业经营管理制度”的规定，在立法宗旨中增加宪法系公司法的立法依据。本法第1条规定：“为了规范公司的组织和行为，保护公司、股东、职工和债权人的合法权益，完善中国特色现代企业制度，弘扬企业家精神，维护社会经济秩序，促进社会主义市场经济的发展，根据宪法，制定本法。”

2. 新增公司名称权规定

为了衔接《中华人民共和国民法典》第110条、《企业名称登记管理规定》第4条等相关法律法规的规定，本法第6条规定：“公司应当有自己的名称，公司名称应当符合国家有关规定。公司的名称权受法律保护。”

3. 优化调整法定代表人制度

法定代表人是对外代表公司从事民事活动的负责人，在实践中面临选任范围过窄、加剧公司权力集中、异化董事地位等问题，本法对此予以优化调整。

一是，扩大公司法定代表人的选任范围，增加法定代表人同时辞任和补任规则。本法第10条规定：“公司的法定代表人按照公司章程的规定，由代表公司执行公司事务的董事或者经理担任。担任法定代表人的董事或者经理辞任的，视为同时辞去法定代表人。法定代表人辞任的，公司应当在法定代表人辞任之日起三十日内确定新的法定代表人。”

二是，增加法定代表人代表行为的法律后果、限制职权的外部效力，明确职务侵权行为的民事责任承担规则。本法第11条规定：“法定代表人以公司名义从

事的民事活动，其法律后果由公司承受。公司章程或者股东会对法定代表人职权的限制，不得对抗善意相对人。法定代表人因执行职务造成他人损害的，由公司承担民事责任。公司承担民事责任后，依照法律或者公司章程的规定，可以向有过错的法定代表人追偿。”

三是，本法第 35 条第 3 款规定了变更登记申请书的签署主体。第 46 条第 1 款第 7 项规定，公司章程应记载公司法定代表人的产生、变更办法。

4. 建立健全职工代表大会制度

公司的发展壮大离不开职工的劳动创造，职工是公司重要的利益相关者，为进一步强化公司民主管理，维护职工合法权益，明确公司应当依照宪法和有关法律的规定，建立健全以职工代表大会为基本形式的民主管理制度，并增加公司研究决定“解散、申请破产”时听取职工意见和建议的规定。本法第 17 条规定：“公司职工依照《中华人民共和国工会法》组织工会，开展工会活动，维护职工合法权益。公司应当为本公司工会提供必要的活动条件。公司工会代表职工就职工的劳动报酬、工作时间、休息休假、劳动安全卫生和保险福利等事项依法与公司签订集体合同。公司依照宪法和有关法律的规定，建立健全以职工代表大会为基本形式的民主管理制度，通过职工代表大会或者其他形式，实行民主管理。公司研究决定改制、解散、申请破产以及经营方面的重大问题、制定重要的规章制度时，应当听取公司工会的意见，并通过职工代表大会或者其他形式听取职工的意见和建议。”

5. 加强公司社会责任建设

为贯彻党的十八届四中全会决定有关要求，加强公司社会责任建设，本法第 20 条规定：“公司从事经营活动，应当充分考虑公司职工、消费者等利益相关者的利益以及生态环境保护等社会公共利益，承担社会责任。国家鼓励公司参与社会公益活动，公布社会责任报告。”

6. 扩张法人人格否认制度至横向否认

针对实践中广泛存在的利用公司集团逃避债务，严重损害公司债权人利益的情形，结合最高人民法院第 15 号指导性案例“徐工集团工程机械股份有限责任公司案”等裁判经验，增加横向法人人格否认制度。本法第 23 条前两款规定：“公司股东滥用公司法人独立地位和股东有限责任，逃避债务，严重损害公司债权人利益的，应当对公司债务承担连带责任。股东利用其控制的两个以上公司实施前款规定行为的，各公司应当对任一公司的债务承担连带责任。”

7. 完善公司决议制度体系

决议诉讼是公司诉讼的重要组成部分，司法实务就决议效力纠纷积累了丰富实践经验。最高人民法院于2017年出台《关于适用〈中华人民共和国公司法〉若干问题的规定（四）》（以下简称《公司法司法解释（四）》），创设决议效力“三分法”，本法对此借鉴并予以完善。

一是，增加采用电子通信方式作出决议的法律效力，满足便利开会需求。本法第24条规定：“公司股东会、董事会、监事会召开会议和表决可以采用电子通信方式，公司章程另有规定的除外。”

二是，完善决议撤销规则。增加程序存在轻微瑕疵而未产生实质影响的可撤销事由之例外、未被通知参加股东会的股东撤销权期限的起算时点，以及撤销权的最长行使期间，并删除提供担保的要求。本法第26条规定：“公司股东会、董事会的会议召集程序、表决方式违反法律、行政法规或者公司章程，或者决议内容违反公司章程的，股东自决议作出之日起六十日内，可以请求人民法院撤销。但是，股东会、董事会的会议召集程序或者表决方式仅有轻微瑕疵，对决议未产生实质影响的除外。未被通知参加股东会会议的股东自知道或者应当知道股东会决议作出之日起六十日内，可以请求人民法院撤销；自决议作出之日起一年内没有行使撤销权的，撤销权消灭。”

三是，吸收《公司法司法解释（四）》第5条明确列举的情形，增设决议不成立规则。本法第27条规定：“有下列情形之一的，公司股东会、董事会的决议不成立：（一）未召开股东会、董事会会议作出决议；（二）股东会、董事会会议未对决议事项进行表决；（三）出席会议的人数或者所持表决权数未达到本法或者公司章程规定的人数或者所持表决权数；（四）同意决议事项的人数或者所持表决权数未达到本法或者公司章程规定的人数或者所持表决权数。”

四是，增加瑕疵决议的效力规则，明确决议无效、被撤销或者不成立时的外部效力。本法第28条规定：“公司股东会、董事会决议被人民法院宣告无效、撤销或者确认不成立的，公司应当向公司登记机关申请撤销根据该决议已办理的登记。股东会、董事会决议被人民法院宣告无效、撤销或者确认不成立的，公司根据该决议与善意相对人形成的民事法律关系不受影响。”

（二）新增“公司登记”专章

为深入总结党的十八大以来持续优化营商环境的改革成果，本法完善公司登记制度，新设“公司登记”专章。

1. 明确公司设立登记、变更登记、注销登记的事项、效力和程序

一是，增加申请设立登记材料的要求，以及公司登记机关告知补正材料的规范。本法第 30 条规定：“申请设立公司，应当提交设立登记申请书、公司章程等文件，提交的相关材料应当真实、合法和有效。申请材料不齐全或者不符合法定形式的，公司登记机关应当一次性告知需要补正的材料。”

二是，系统规定公司登记的各类事项，并要求向社会公示。本法第 32 条规定：“公司登记事项包括：（一）名称；（二）住所；（三）注册资本；（四）经营范围；（五）法定代表人的姓名；（六）有限责任公司股东、股份有限公司发起人的姓名或者名称。公司登记机关应当将前款规定的公司登记事项通过国家企业信用信息公示系统向社会公示。”

三是，明确公司登记事项未经登记或者未经变更登记的外部效力。本法第 34 条规定：“公司登记事项发生变更的，应当依法办理变更登记。公司登记事项未经登记或者未经变更登记，不得对抗善意相对人。”

四是，增加申请变更登记的文件材料、程序要求，以及变更法定代表人时的签署主体规范。本法第 35 条规定：“公司申请变更登记，应当向公司登记机关提交公司法定代表人签署的变更登记申请书、依法作出的变更决议或者决定等文件。公司变更登记事项涉及修改公司章程的，应当提交修改后的公司章程。公司变更法定代表人的，变更登记申请书由变更后的法定代表人签署。”

五是，增加公司终止时的注销登记及公告规则。本法第 37 条规定：“公司因解散、被宣告破产或者其他法定事由需要终止的，应当依法向公司登记机关申请注销登记，由公司登记机关公告公司终止。”

2. 明确电子营业执照的效力

为充分利用信息化建设成果，新增电子营业执照及其法律效力的规定。本法第 33 条第 3 款规定：“公司登记机关可以发给电子营业执照，电子营业执照与纸质营业执照具有同等法律效力。”

3. 明确公司法定信息公示事项

为强化公司信用，保障交易安全，新增公司对非登记事项进行公示的义务和要求。本法第 40 条规定：“公司应当按照规定通过国家企业信用信息公示系统公示下列事项：（一）有限责任公司股东认缴和实缴的出资额、出资方式和出资日期，股份有限公司发起人认购的股份数；（二）有限责任公司股东、股份有限公

司发起人的股权、股份变更信息；（三）行政许可取得、变更、注销等信息；（四）法律、行政法规规定的其他信息。公司应当确保前款公示信息真实、准确、完整。”

4. 要求公司登记机关优化公司登记服务

为提高登记效率和便利化水平，明确公司登记机关应优化登记流程。本法第41条规定：“公司登记机关应当优化公司登记办理流程，提高公司登记效率，加强信息化建设，推行网上办理等便捷方式，提升公司登记便利化水平。国务院市场监督管理部门根据本法和有关法律、行政法规的规定，制定公司登记注册的具体办法。”

（三）完善公司的设立、退出制度

1. 削减一人公司特殊性

本法删除了2018年《公司法》“一人有限责任公司的特别规定”专节规定，削减一人有限责任公司的特殊性，放宽一人有限责任公司设立等限制，并允许设立一人股份有限公司。本法第42条规定：“有限责任公司由一个以上五十个以下股东出资设立。”第60条规定：“只有一个股东的有限责任公司不设股东会。股东作出前条第一款所列事项的决定时，应当采用书面形式，并由股东签名或者盖章后置备于公司。”第92条规定：“设立股份有限公司，应当有一人以上二百人以下为发起人，其中应当有半数以上的发起人在中华人民共和国境内有住所。”第112条第2款规定：“本法第六十条关于只有一个股东的有限责任公司不设股东会的规定，适用于只有一个股东的股份有限公司。”

2. 明确公司设立行为的法律后果和责任承担规则

为明确公司设立行为的法律后果，统一相关法律责任规则，本法第44条规定：“有限责任公司设立时的股东为设立公司从事的民事活动，其法律后果由公司承受。公司未成立的，其法律后果由公司设立时的股东承受；设立时的股东为二人以上的，享有连带债权，承担连带债务。设立时的股东为设立公司以自己的名义从事民事活动产生的民事责任，第三人有权选择请求公司或者公司设立时的股东承担。设立时的股东因履行公司设立职责造成他人损害的，公司或者无过错的股东承担赔偿责任后，可以向有过错的股东追偿。”

3. 配套修改公司章程记载事项

为配套法定代表人，授权资本制、无面额股，类别股等制度，修改章程的载明事项。本法第 46 条规定：“有限责任公司章程应当载明下列事项：（一）公司名称和住所；（二）公司经营范围；（三）公司注册资本；（四）股东的姓名或者名称；（五）股东的出资额、出资方式和出资日期；（六）公司的机构及其产生办法、职权、议事规则；（七）公司法定代表人的产生、变更办法；（八）股东会认为需要规定的其他事项。股东应当在公司章程上签名或者盖章。”本法第 95 条规定：“股份有限公司章程应当载明下列事项：（一）公司名称和住所；（二）公司经营范围；（三）公司设立方式；（四）公司注册资本、已发行的股份数和设立时发行的股份数，面额股的每股金额；（五）发行类别股的，每一类别股的股份数及其权利和义务；（六）发起人的姓名或者名称、认购的股份数、出资方式；（七）董事会的组成、职权和议事规则；（八）公司法定代表人的产生、变更办法；（九）监事会的组成、职权和议事规则；（十）公司利润分配办法；（十一）公司的解散事由与清算办法；（十二）公司的通知和公告办法；（十三）股东会认为需要规定的其他事项。”

4. 强化清算义务人和清算组成员的义务和责任

针对实践中存在的“清算义务人”与“清算组成员”混淆、有限责任公司小股东责任过重等问题，本法对应完善公司清算制度，明确董事为清算义务人，并设置未履行清算义务的赔偿责任规则。本法第 232 条规定：“公司因本法第二百二十九条第一款第一项、第二项、第四项、第五项规定而解散的，应当清算。董事为公司清算义务人，应当在解散事由出现之日起十五日内组成清算组进行清算。清算组由董事组成，但是公司章程另有规定或者股东会决议另选他人的除外。清算义务人未及时履行清算义务，给公司或者债权人造成损失的，应当承担赔偿责任。”

5. 增加简易注销、强制注销制度

为解决实践中的公司注销难、“僵尸企业”大量存在等问题，新增简易注销和强制注销制度。本法第 240 条规定：“公司在存续期间未产生债务，或者已清偿全部债务的，经全体股东承诺，可以按照规定通过简易程序注销公司登记。通过简易程序注销公司登记，应当通过国家企业信用信息公示系统予以公告，公告期限不少于二十日。公告期限届满后，未有异议的，公司可以在二十日内向公司登记机关申请注销公司登记。公司通过简易程序注销公司登记，股东对本条第一款规定的内容承诺不实的，应当对注销登记前的债务承担连带责任。”本法第 241 条规定：“公司被吊销营业执照、责令关闭或者被撤销，满三年未向公司登记机关申请注销公司登记的，公司登记机关可以通过国家企业信用信息公示系统予以公告，公告期限不少于六十日。公告期限届满后，未有异议的，公司登记机关可以注销公司登记。依照前款规定注销公司登记的，原公司股东、清算义务人的责任不受影响。”

6. 增加简易合并制度

为降低公司合并导致的程序成本，新增简易合并规则，包括母子公司合并和小规模合并，可免于股东会决议程序，有效提升合并效率。本法第 219 条规定："公司与其持股百分之九十以上的公司合并，被合并的公司不需经股东会决议，但应当通知其他股东，其他股东有权请求公司按照合理的价格收购其股权或者股份。公司合并支付的价款不超过本公司净资产百分之十的，可以不经股东会决议；但是，公司章程另有规定的除外。公司依照前两款规定合并不经股东会决议的，应当经董事会决议。”

7. 增加简易减资制度

为降低减资中因债权人保护程序产生的额外成本，提高公司减资效率，新增简易减资规则。本法第 225 条规定："公司依照本法第二百一十四条第二款的规定弥补亏损后，仍有亏损的，可以减少注册资本弥补亏损。减少注册资本弥补亏损的，公司不得向股东分配，也不得免除股东缴纳出资或者股款的义务。依照前款规定减少注册资本的，不适用前条第二款的规定，但应当自股东会作出减少注册资本决议之日起三十日内在报纸上或者国家企业信用信息公示系统公告。公司依照前两款的规定减少注册资本后，在法定公积金和任意公积金累计额达到公司注册资本百分之五十前，不得分配利润。”

（四）优化公司的组织机构设置及职权

1. 组织机构设置及其职权方面赋予公司更大自主权

为贯彻落实党中央关于完善中国特色现代企业制度的要求，深入总结我国公司制度创新实践经验，本法在组织机构设置及其职权上给予公司更多自治选择。

一是，允许公司选择单层制治理模式，即只设董事会、不设监事会。这一做法结合国有独资公司、国有资本投资运营公司董事会建设实践，并为我国企业走出去及外商到我国投资提供便利。对于有限责任公司，本法第 69 条规定："有限责任公司可以按照公司章程的规定在董事会中设置由董事组成的审计委员会，行使本法规定的监事会的职权，不设监事会或者监事。公司董事会成员中的职工代表可以成为审计委员会成员。”对于股份有限公司，本法第 121 条规定：“股份有限公司可以按照公司章程的规定在董事会中设置由董事组成的审计委员会，行使本法规定的监事会的职权，不设监事会或者监事。审计委员会成员为三名以上，过半数成员不得在公司担任除董事以外的其他职务，且不得与公司存在任何可能影响其独立客观判断的关系。公司董事会成员中的职工代表可以成为审计委员会成员。审计委员会作出决议，应当经审计委员会成员的过半数通过。审计委员会决议的表决，应当一人一票。审计委员会的议事方式和表决程序，除本法有规定的外，由公司章程规定。公司可以按照公司章程的规定在董事会中设置其他委员会。”

二是，进一步简化公司组织机构设置。本法第 75 条规定：“规模较小或者股东人数较少的有限责任公司，可以不设董事会，设一名董事，行使本法规定的董事会的职权。该董事可以兼任公司经理。”第 83 条规定：“规模较小或者股东人数较少的有限责任公司，可以不设监事会，设一名监事，行使本法规定的监事会的职权；经全体股东一致同意，也可以不设监事。”第 128 条规定：“规模较小或者股东人数较少的股份有限公司，可以不设董事会，设一名董事，行使本法规定的董事会的职权。该董事可以兼任公司经理。”第 133 条规定：“规模较小或者股东人数较少的股份有限公司，可以不设监事会，设一名监事，行使本法规定的监事会的职权。”

三是，为衔接单层制公司治理架构，新增规定了应当设置职工董事的公司范围，并不再按公司所有制类型对职工董事的设置作出要求。考虑到本法已规定规模较小或者股东人数较少的公司不设董事会，并综合考虑中型企业划分标准等因素，本法第 68 条规定：“有限责任公司董事会成员为三人以上，其成员中可以有公司职工代表。职工人数三百人以上的有限责任公司，除依法设监事会并有公司职工代表的外，其董事会成员中应当有公司职工代表。董事会中的职工代表由公司职工通过职工代表大会、职工大会或者其他形式民主选举产生。董事会设董事长一人，可以设副董事长。董事长、副董事长的产生办法由公司章程规定。”第 120 条规定：“股份有限公司设董事会，本法第一百二十八条另有规定的除外。本法第六十七条、第六十八条第一款、第七十条、第七十一条的规定，适用于股份有限公司。”

四是，删除经理的职权列举，具体职权由公司章程规定或者董事会授权。本法第 74 条规定：“有限责任公司可以设经理，由董事会决定聘任或者解聘。经理对董事会负责，根据公司章程的规定或者董事会的授权行使职权。经理列席董事会会议。”第 126 条规定：“股份有限公司设经理，由董事会决定聘任或者解聘。经理对董事会负责，根据公司章程的规定或者董事会的授权行使职权。经理列席董事会会议。”

五是，进一步厘清和调整了股东会和董事会的职权划分。延续 2018 年《公司法》对股东会、董事会职权列举的做法，并明确股东会可以对其职权范围内的部分事项授权董事会作出决议。本法第 59 条规定：“股东会行使下列职权：（一）选举和更换董事、监事，决定有关董事、监事的报酬事项；（二）审议批准董事会的报告；（三）审议批准监事会的报告；（四）审议批准公司的利润分配方案和弥补亏损方案；（五）对公司增加或者减少注册资本作出决议；（六）对发行公司债券作出决议；（七）对公司合并、分立、解散、清算或者变更公司形式作出决议；（八）修改公司章程；（九）公司章程规定的其他职权。股东会可以授权董事会对发行公司债券作出决议。对本条第一款所列事项股东以书面形式一致表示同意的，可以不召开股东会会议，直接作出决定，并由全体股东在决定文件上签名或者盖章。”

第 67 条规定：“有限责任公司设董事会，本法第七十五条另有规定的除外。董事会行使下列职权：（一）召集股东会会议，并向股东会报告工作；（二）执行股东会的决议；（三）决定公司的经营计划和投资方案；（四）制订公司的利润分配方案和弥补亏损方案；（五）制订公司增加或者减少注册资本以及发行公司债券的方案；（六）制订公司合并、分立、解散或者变更公司形式的方案；（七）决定公司内部管理机构的设置；（八）决定聘任或者解聘公司经理及其报酬事项，并根据经理的提名决定聘任或者解聘公司副经理、财务负责人及其报酬事项；（九）制定公司的基本管理制度；（十）公司章程规定或者股东会授予的其他职权。公司章程对董事会职权的限制不得对抗善意相对人。”

第 112 条规定：“本法第五十九条第一款、第二款关于有限责任公司股东会职权的规定，适用于股份有限公司股东会。本法第六十条关于只有一个股东的有限责任公司不设股东会的规定，适用于只有一个股东的股份有限公司。”

第 120 条规定：“股份有限公司设董事会，本法第一百二十八条另有规定的除外。本法第六十七条、第六十八条第一款、第七十条、第七十一条的规定，适用于股份有限公司。”

2. 新增国家出资公司组织机构的特别规定

一方面，坚持党对国有企业的领导。坚持党的领导，是国有企业的本质特征和独特优势，是完善中国特色现代企业制度的根本要求。本法依据党章规定，明确党对国有企业的领导，保证党组织把方向、管大局、保落实的领导要求，增加本法第 170 条规定："国家出资公司中中国共产党的组织，按照中国共产党章程的规定发挥领导作用，研究讨论公司重大经营管理事项，支持公司的组织机构依法行使职权。"同时，2023 年《公司法》继续坚持 2018 年《公司法》关于在各类型公司中根据党章规定设立党的组织，开展党的活动，公司应当为党组织的活动提供必要条件等规定。

另一方面，完善国家出资公司的特别规定。深入总结国有企业改革成果，在 2018 年《公司法》关于"国有独资公司的特别规定"专节的基础上，设"国家出资公司组织机构的特别规定"专章，具体内容包含以下方面。

一是，将适用范围由国有独资有限责任公司扩张到其他公司。本法第 168 条规定："国家出资公司的组织机构，适用本章规定；本章没有规定的，适用本法其他规定。本法所称国家出资公司，是指国家出资的国有独资公司、国有资本控股公司，包括国家出资的有限责任公司、股份有限公司。"

二是，明确国家出资公司由国有资产监督管理机构等履行出资人职责的机构根据授权代表本级政府履行出资人职责。本法第 169 条规定："国家出资公司，由国务院或者地方人民政府分别代表国家依法履行出资人职责，享有出资人权益。国务院或者地方人民政府可以授权国有资产监督管理机构或者其他部门、机构代表本级人民政府对国家出资公司履行出资人职责。代表本级人民政府履行出资人职责的机构、部门，以下统称为履行出资人职责的机构。"

三是，落实党中央有关部署，加强国有独资公司董事会建设，对国有独资公司的董事会成员组成、审计委员会设置作出要求。本法第 173 条规定："国有独资公司的董事会依照本法规定行使职权。国有独资公司的董事会成员中，应当过半数为外部董事，并应当有公司职工代表。董事会成员由履行出资人职责的机构委派；但是，董事会成员中的职工代表由公司职工代表大会选举产生。董事会设董事长一人，可以设副董事长。董事长、副董事长由履行出资人职责的机构从董事会成员中指定。"第 176 条规定："国有独资公司在董事会中设置由董事组成的审计委员会行使本法规定的监事会职权的，不设监事会或者监事。"

四是，增加国家出资公司内部合规治理机制。本法第 177 条规定："国家出资公司应当依法建立健全内部监督管理和风险控制制度，加强内部合规管理。”

3. 完善上市公司组织机构规定，强化上市公司治理

一是，授权国务院证券监督管理机构对上市公司独立董事的具体管理办法作出规定。本法第136条规定：“上市公司设独立董事，具体管理办法由国务院证券监督管理机构规定。上市公司的公司章程除载明本法第九十五条规定的事项外，还应当依照法律、行政法规的规定载明董事会专门委员会的组成、职权以及董事、监事、高级管理人员薪酬考核机制等事项。”

二是，增加上市公司审计委员会职权的规定。本法第137条规定：“上市公司在董事会中设置审计委员会的，董事会对下列事项作出决议前应当经审计委员会全体成员过半数通过：（一）聘用、解聘承办公司审计业务的会计师事务所；（二）聘任、解聘财务负责人；（三）披露财务会计报告；（四）国务院证券监督管理机构规定的其他事项。”

三是，明确上市公司披露股东和实际控制人信息的义务。本法第140条规定：“上市公司应当依法披露股东、实际控制人的信息，相关信息应当真实、准确、完整。禁止违反法律、行政法规的规定代持上市公司股票。”

四是，明确上市公司控股子公司不得取得该上市公司的股份的限制，及控股子公司因特定原因持股的处置规则。本法第141条规定：“上市公司控股子公司不得取得该上市公司的股份。上市公司控股子公司因公司合并、质权行使等原因持有上市公司股份的，不得行使所持股份对应的表决权，并应当及时处分相关上市公司股份。”

（五）完善公司的资本制度

为提高投融资效率并维护交易安全，深入总结公司注册资本制度改革成果，吸收借鉴国外公司法律制度经验，丰富完善公司资本制度，具体包括以下四部分：

1. 公司资本制度的前端改革

一是，增加有限责任公司股东认缴期限的规定，增加2023年《公司法》施行前认缴期限超过法定期限的公司的过渡安排，及出资期限、出资额明显异常的行政处理方式。本法第47条规定：“有限责任公司的注册资本为在公司登记机关登记的全体股东认缴的出资额。全体股东认缴的出资额由股东按照公司章程的规定自公司成立之日起五年内缴足。法律、行政法规以及国务院决定对有限责任公

司注册资本实缴、注册资本最低限额、股东出资期限另有规定的，从其规定。”第 266 条规定：“本法自 2024 年 7 月 1 日起施行。本法施行前已登记设立的公司，出资期限超过本法规定的期限的，除法律、行政法规或者国务院另有规定外，应当逐步调整至本法规定的期限以内；对于出资期限、出资额明显异常的，公司登记机关可以依法要求其及时调整。具体实施办法由国务院规定。”

二是，在股份有限公司中引入授权资本制。即设立时只需发行部分股份，公司章程或者股东会可以作出授权，由董事会根据公司运营的实际需要决定发行剩余股份，既方便股份有限公司设立，又给予公司发行新股筹措资本的灵活性，并且能够减少公司注册资本虚化等问题的发生。本法第 152 条规定：“公司章程或者股东会可以授权董事会在三年内决定发行不超过已发行股份百分之五十的股份。但以非货币财产作价出资的应当经股东会决议。董事会依照前款规定决定发行股份导致公司注册资本、已发行股份数发生变化的，对公司章程该项记载事项的修改不需再由股东会表决。”第 153 条规定：“公司章程或者股东会授权董事会决定发行新股的，董事会决议应当经全体董事三分之二以上通过。”

三是，股份有限公司设立阶段改采实缴制。对于发起设立的股份有限公司，本法第 98 条第 1 款规定：“发起人应当在公司成立前按照其认购的股份全额缴纳股款。”对于募集设立的股份有限公司，第 103 条第 1 款规定：“募集设立股份有限公司的发起人应当自公司设立时应发行股份的股款缴足之日起三十日内召开公司成立大会。发起人应当在成立大会召开十五日前将会议日期通知各认股人或者予以公告。成立大会应当有持有表决权过半数的认股人出席，方可举行。”

四是，增加股份有限公司中类别股的规定。为满足多元化投资需求，对实践经验较充分的类别股作出规定，包括优先股和劣后股、特殊表决权股、转让受限股等。本法第 144 条第 1 款规定：“公司可以按照公司章程的规定发行下列与普通股权利不同的类别股：（一）优先或者劣后分配利润或者剩余财产的股份；（二）每一股的表决权数多于或者少于普通股的股份；（三）转让须经公司同意等转让受限的股份；（四）国务院规定的其他类别股。”

五是，在股份有限公司中引入无面额股制度。允许公司根据章程择一采用面额股或者无面额股，便利资本运作。本法第 142 条规定：“公司的资本划分为股份。公司的全部股份，根据公司章程的规定择一采用面额股或者无面额股。采用面额股的，每一股的金额相等。公司可以根据公司章程的规定将已发行的面额股全部转换为无面额股或者将无面额股全部转换为面额股。采用无面额股的，应当将发行股份所得股款的二分之一以上计入注册资本。”

六是，按照《中华人民共和国反洗钱法》相关规定，并根据我国股票发行的实际，取消无记名股。本法第 147 条规定：“公司的股份采取股票的形式。股票是公司签发的证明股东所持股份的凭证。公司发行的股票，应当为记名股票。”

七是，扩大可用作出资的财产范围。针对实践中存在的“出资难”问题，本法明确股权、债权可以作价出资，便利公司设立。本法第 48 条第 1 款规定：“股东可以用货币出资，也可以用实物、知识产权、土地使用权、股权、债权等可以用货币估价并可以依法转让的非货币财产作价出资；但是，法律、行政法规规定不得作为出资的财产除外。”

八是，增加有限责任公司董事会的催缴义务。本法第 51 条规定：“有限责任公司成立后，董事会应当对股东的出资情况进行核查，发现股东未按期足额缴纳公司章程规定的出资的，应当由公司向该股东发出书面催缴书，催缴出资。未及时履行前款规定的义务，给公司造成损失的，负有责任的董事应当承担赔偿责任。”

九是，增加股东欠缴出资的失权制度，明确失权的决议程序和失权股东的救济程序。本法第 52 条规定：“股东未按照公司章程规定的出资日期缴纳出资，公司依照前条第一款规定发出书面催缴书催缴出资的，可以载明缴纳出资的宽限期；宽限期自公司发出催缴书之日起，不得少于六十日。宽限期届满，股东仍未履行出资义务的，公司经董事会决议可以向该股东发出失权通知，通知应当以书面形式发出。自通知发出之日起，该股东丧失其未缴纳出资的股权。依照前款规定丧失的股权应当依法转让，或者相应减少注册资本并注销该股权；六个月内未转让或者注销的，由公司其他股东按照其出资比例足额缴纳相应出资。股东对失权有异议的，应当自接到失权通知之日起三十日内，向人民法院提起诉讼。”

十是，增加有限责任公司股东认缴出资的加速到期制度。本法第 54 条规定：“公司不能清偿到期债务的，公司或者已到期债权的债权人有权要求已认缴出资但未届出资期限的股东提前缴纳出资。”

2. 公司资本制度的中端改革

一是，删除有限责任公司股权对外转让时的其他股东同意权规则。简化了股东对外转让股权时的程序限制，避免制度叠床架屋，既维护了有限责任公司的封闭性，又强调了股东的股权转让自由。本法第 84 条规定：“有限责任公司的股东之间可以相互转让其全部或者部分股权。股东向股东以外的人转让股权的，应当将股权转让的数量、价格、支付方式和期限等事项书面通知其他股东，其他股东在同等条件下有优先购买权。股东自接到书面通知之日起三十日内未答复的，视为放弃优先购买权。两个以上股东行使优先购买权的，协商确定各自的购买比例；协商不成的，按照转让时各自的出资比例行使优先购买权。公司章程对股权转让另有规定的，从其规定。"

二是，增加股权转让后公司负有变更股东名册的义务。赋予转让人和受让人对公司不履行该义务的诉权，并明确股权转让时，记载于股东名册作为受让人对公司主张权利的时点。本法第 86 条规定："股东转让股权的，应当书面通知公司，请求变更股东名册；需要办理变更登记的，并请求公司向公司登记机关办理变更登记。公司拒绝或者在合理期限内不予答复的，转让人、受让人可以依法向人民法院提起诉讼。股权转让的，受让人自记载于股东名册时起可以向公司主张行使股东权利。"

三是，增加未届期股权转让后的出资责任规定，明确瑕疵股权转让时转让人、受让人的出资责任，明确了不同情形下股权转让时的责任与顺位。本法第 88 条规定："股东转让已认缴出资但未届出资期限的股权的，由受让人承担缴纳该出资的义务；受让人未按期足额缴纳出资的，转让人对受让人未按期缴纳的出资承担补充责任。未按照公司章程规定的出资日期缴纳出资或者作为出资的非货币财产的实际价额显著低于所认缴的出资额的股东转让股权的，转让人与受让人在出资不足的范围内承担连带责任；受让人不知道且不应当知道存在上述情形的，由转让人承担责任。"

3. 公司资本制度的后端改革

一是，明确违法分配利润的股东及负有责任的董事、监事、高级管理人员的赔偿责任。本法第 211 条规定："公司违反本法规定向股东分配利润的，股东应当将违反规定分配的利润退还公司；给公司造成损失的，股东及负有责任的董事、监事、高级管理人员应当承担赔偿责任。"

二是，明确违法减资的股东及负有责任的董事、监事、高级管理人员的赔偿责任。本法第 226 条规定："违反本法规定减少注册资本的，股东应当退还其收到的资金，减免股东出资的应当恢复原状；给公司造成损失的，股东及负有责任的董事、监事、高级管理人员应当承担赔偿责任。"

三是，将异议股东回购请求权引入非公开发行股份的股份有限公司，同时，增加库存股相关处理规则。本法第 161 条规定："有下列情形之一的，对股东会该项决议投反对票的股东可以请求公司按照合理的价格收购其股份，公开发行股份的公司除外：（一）公司连续五年不向股东分配利润，而公司该五年连续盈利，并且符合本法规定的分配利润条件；（二）公司转让主要财产；（三）公司章程规定的营业期限届满或者章程规定的其他解散事由出现，股东会通过决议修改章程使公司存续。自股东会决议作出之日起六十日内，股东与公司不能达成股份收购协议的，股东可以自股东会决议作出之日起九十日内向人民法院提起诉讼。公司因本条第一款规定的情形收购的本公司股份，应当在六个月内依法转让或者注销。”

四是，完善抽逃出资责任承担规则。明确抽逃出资时，负有责任的董事、监事、高级管理人员与抽逃股东承担连带赔偿责任，及直接负责的主管人员和其他直接责任人员承担行政责任。本法第 53 条规定：“公司成立后，股东不得抽逃出资。违反前款规定的，股东应当返还抽逃的出资；给公司造成损失的，负有责任的董事、监事、高级管理人员应当与该股东承担连带赔偿责任。”第 107 条规定：“本法第四十四条、第四十九条第三款、第五十一条、第五十二条、第五十三条的规定，适用于股份有限公司。”第 253 条规定：“公司的发起人、股东在公司成立后，抽逃其出资的，由公司登记机关责令改正，处以所抽逃出资金额百分之五以上百分之十五以下的罚款；对直接负责的主管人员和其他直接责任人员处以三万元以上三十万元以下的罚款。”

五是，增加禁止财务资助制度及其例外规则。本法第 163 条规定：“公司不得为他人取得本公司或者其母公司的股份提供赠与、借款、担保以及其他财务资助，公司实施员工持股计划的除外。为公司利益，经股东会决议，或者董事会按照公司章程或者股东会的授权作出决议，公司可以为他人取得本公司或者其母公司的股份提供财务资助，但财务资助的累计总额不得超过已发行股本总额的百分之十。董事会作出决议应当经全体董事的三分之二以上通过。违反前两款规定，给公司造成损失的，负有责任的董事、监事、高级管理人员应当承担赔偿责任。”

4. 公司债券制度革新：债券融资

一是，扩展公司债券范畴，吸纳实践中各类公司债券，明确公司债券可以非公开发行，并将债券交易纳入本法调整范围。本法第 194 条规定：“本法所称公司债券，是指公司发行的约定按期还本付息的有价证券。公司债券可以公开发行，也可以非公开发行。公司债券的发行和交易应当符合《中华人民共和国证券法》等法律、行政法规的规定。”

二是，取消无记名债券，将“债券存根簿”改为“债券持有人名册”。本法第 197 条规定：“公司债券应当为记名债券。”第 198 条规定：“公司发行公司债券应当置备公司债券持有人名册。发行公司债券的，应当在公司债券持有人名册上载明下列事项：（一）债券持有人的姓名或者名称及住所；（二）债券持有人取得债券的日期及债券的编号；（三）债券总额，债券的票面金额、利率、还本付息的期限和方式；（四）债券的发行日期。”

三是，扩张发行可转换债券的主体至所有股份有限公司。本法第 202 条规定：“股份有限公司经股东会决议，或者经公司章程、股东会授权由董事会决议，可以发行可转换为股票的公司债券，并规定具体的转换办法。上市公司发行可转换为股票的公司债券，应当经国务院证券监督管理机构注册。发行可转换为股票的公司债券，应当在债券上标明可转换公司债券字样，并在公司债券持有人名册上载明可转换公司债券的数额。”

四是，增加债券持有人会议制度。明确债券持有人会议的设立、职权、决议事项与效力范围。本法第 204 条规定：“公开发行公司债券的，应当为同期债券持有人设立债券持有人会议，并在债券募集办法中对债券持有人会议的召集程序、会议规则和其他重要事项作出规定。债券持有人会议可以对与债券持有人有利害关系的事项作出决议。除公司债券募集办法另有约定外，债券持有人会议决议对同期全体债券持有人发生效力。”

五是，增加债券受托管理人制度。明确债券受托管理人职权范围，规定信义义务、变更机制与法律责任。本法第 205 条规定：“公开发行公司债券的，发行人应当为债券持有人聘请债券受托管理人，由其为债券持有人办理受领清偿、债权保全、与债券相关的诉讼以及参与债务人破产程序等事项。”第 206 条规定：“债券受托管理人应当勤勉尽责，公正履行受托管理职责，不得损害债券持有人利益。受托管理人与债券持有人存在利益冲突可能损害债券持有人利益的，债券持有人会议可以决议变更债券受托管理人。债券受托管理人违反法律、行政法规或者债券持有人会议决议，损害债券持有人利益的，应当承担赔偿责任。”

（六）强化控股股东和管理者的义务和责任

为落实党中央关于产权平等保护等要求，本法总结吸收公司法司法实践经验，完善控股股东和经营管理人员责任制度。

一是，增加董事辞任规则，完善董事解任赔偿制度。本法第 70 条规定：“董事任期由公司章程规定，但每届任期不得超过三年。董事任期届满，连选可以连任。董事任期届满未及时改选，或者董事在任期内辞任导致董事会成员低于法定人数的，在改选出的董事就任前，原董事仍应当依照法律、行政法规和公司章程的规定，履行董事职务。董事辞任的，应当以书面形式通知公司，公司收到通知之日辞任生效，但存在前款规定情形的，董事应当继续履行职务。”第 71 条规定：“股东会可以决议解任董事，决议作出之日解任生效。无正当理由，在任期届满前解任董事的，该董事可以要求公司予以赔偿。”

二是，完善董事、监事、高级管理人员忠实义务和勤勉义务的具体内容，并增加事实董事、事实高管规则。本法第 180 条规定：“董事、监事、高级管理人员对公司负有忠实义务，应当采取措施避免自身利益与公司利益冲突，不得利用职权牟取不正当利益。董事、监事、高级管理人员对公司负有勤勉义务，执行职务应当为公司的最大利益尽到管理者通常应有的合理注意。公司的控股股东、实际控制人不担任公司董事但实际执行公司事务的，适用前两款规定。”

三是，加强对关联交易的规范，扩大关联人的范围，增加关联交易报告义务和回避表决规则。本法第 182 条规定：“董事、监事、高级管理人员，直接或者间接与本公司订立合同或者进行交易，应当就与订立合同或者进行交易有关的事项向董事会或者股东会报告，并按照公司章程的规定经董事会或者股东会决议通过。董事、监事、高级管理人员的近亲属，董事、监事、高级管理人员或者其近亲属直接或者间接控制的企业，以及与董事、监事、高级管理人员有其他关联关系的关联人，与公司订立合同或者进行交易，适用前款规定。”第 185 条规定：“董事会对本法第一百八十二条至第一百八十四条规定的事项决议时，关联董事不得参与表决，其表决权不计入表决权总数。出席董事会会议的无关联关系董事人数不足三人的，应当将该事项提交股东会审议。”

四是，设置单独条文规定禁止篡夺公司机会和竞业禁止规则。本法第 183 条规定：“董事、监事、高级管理人员，不得利用职务便利为自己或者他人谋取属于公司的商业机会。但是，有下列情形之一的除外：（一）向董事会或者股东会报告，并按照公司章程的规定经董事会或者股东会决议通过；（二）根据法律、行政法规或者公司章程的规定，公司不能利用该商业机会。”第 184 条规定：“董事、监事、高级管理人员未向董事会或者股东会报告，并按照公司章程的规定经董事会或者股东会决议通过，不得自营或者为他人经营与其任职公司同类的业务。”

五是，强化董事、监事、高级管理人员维护公司资本充实的责任，包括股东欠缴出资和抽逃出资，违反本法规定分配利润和减少注册资本，以及违反本法规定为他人取得本公司股份提供财务资助时上述人员的赔偿责任，第 53 条、第 163 条、第 211 条、第 226 条均设有相应赔偿规则。

六是，新设董事、高级管理人员对第三人责任制度。本法第 191 条规定："董事、高级管理人员执行职务，给他人造成损害的，公司应当承担赔偿责任；董事、高级管理人员存在故意或者重大过失的，也应当承担赔偿责任。"

七是，针对实践中控股股东、实际控制人滥用控制地位侵害公司及中小股东权益的突出问题，借鉴一些国家法律规定，增设影子董事、影子高管规则。本法第 192 条规定："公司的控股股东、实际控制人指示董事、高级管理人员从事损害公司或者股东利益的行为的，与该董事、高级管理人员承担连带责任。"与本法第 180 条第 3 款规定的事实董事规则共同构成通过董事义务和责任对控股股东、实际控制人进行规制的"实质董事"规则。

八是，设置董事责任保险制度，激励董事积极履职，弘扬企业家精神。本法第 193 条规定："公司可以在董事任职期间为董事因执行公司职务承担的赔偿责任投保责任保险。公司为董事投保责任保险或者续保后，董事会应当向股东会报告责任保险的投保金额、承保范围及保险费率等内容。"

（七）强化中小股东的权利保护

一是，增加有限责任公司股东压迫时其他股东的回购请求权。本法第 89 条第 3 款规定："公司的控股股东滥用股东权利，严重损害公司或者其他股东利益的，其他股东有权请求公司按照合理的价格收购其股权。"

二是，完善股东有权查阅、复制公司有关材料的规定，增加中介机构辅助行使查阅权的规定，以及穿越行使查阅、复制权的有关规则，扩张查阅权的客体至会计凭证。本法第 57 条规定："股东有权查阅、复制公司章程、股东名册、股东会会议记录、董事会会议决议、监事会会议决议和财务会计报告。股东可以要求查阅公司会计账簿、会计凭证。股东要求查阅公司会计账簿、会计凭证的，应当向公司提出书面请求，说明目的。公司有合理根据认为股东查阅会计账簿、会计凭证有不正当目的，可能损害公司合法利益的，可以拒绝提供查阅，并应当自股东提出书面请求之日起十五日内书面答复股东并说明理由。公司拒绝提供查阅的，股东可以向人民法院提起诉讼。股东查阅前款规定的材料，可以委托会计师事务所、律师事务所等中介机构进行。股东及其委托的会计师事务所、律师事务所等中介机构查阅、复制有关材料，应当遵守有关保护国家秘密、商业秘密、个人隐私、个人信息等法律、行政法规的规定。股东要求查阅、复制公司全资子公司相关材料的，适用前四款的规定。”第 110 条规定：“股东有权查阅、复制公司章程、股东名册、股东会会议记录、董事会会议决议、监事会会议决议、财务会计报告，对公司的经营提出建议或者质询。连续一百八十日以上单独或者合计持有公司百分之三以上股份的股东要求查阅公司的会计账簿、会计凭证的，适用本法第五十七条第二款、第三款、第四款的规定。公司章程对持股比例有较低规定的，从其规定。股东要求查阅、复制公司全资子公司相关材料的，适用前两款的规定。上市公司股东查阅、复制相关材料的，应当遵守《中华人民共和国证券法》等法律、行政法规的规定。”

三是，新增董事会、监事会对股东请求召开临时股东会会议的答复规则，以确保股东能够及时自行召集。本法第 114 条第 3 款规定：“单独或者合计持有公司百分之十以上股份的股东请求召开临时股东会会议的，董事会、监事会应当在收到请求之日起十日内作出是否召开临时股东会会议的决定，并书面答复股东。”

四是，降低股东提出临时提案的持股比例要求，并要求公司不得提高其持股比例。本法第 115 条第 2 款规定：“单独或者合计持有公司百分之一以上股份的股东，可以在股东会会议召开十日前提出临时提案并书面提交董事会。临时提案应当有明确议题和具体决议事项。董事会应当在收到提案后二日内通知其他股东，并将该临时提案提交股东会审议；但临时提案违反法律、行政法规或者公司章程的规定，或者不属于股东会职权范围的除外。公司不得提高提出临时提案股东的持股比例。”

五是，针对利用母子公司规避普通代表诉讼救济规则的问题，增加股东双重代表诉讼制度。本法第 189 条第 4 款规定：“公司全资子公司的董事、监事、高级管理人员有前条规定情形，或者他人侵犯公司全资子公司合法权益造成损失的，有限责任公司的股东、股份有限公司连续一百八十日以上单独或者合计持有公司百分之一以上股份的股东，可以依照前三款规定书面请求全资子公司的监事会、董事会向人民法院提起诉讼或者以自己的名义直接向人民法院提起诉讼。”

六是，避免股息红利久拖不发，增加利润分配的法定时限规定。本法第 212 条规定：“股东会作出分配利润的决议的，董事会应当在股东会决议作出之日起六个月内进行分配。该时限为法定期限，可以缩短但不得延长。”

七是，为避免中小股东被不当稀释或被动提高持股比例，增加同比例减资的相关规则。本法第224条第3款规定："公司减少注册资本，应当按照股东出资或者持有股份的比例相应减少出资额或者股份，法律另有规定、有限责任公司全体股东另有约定或者股份有限公司章程另有规定的除外。"

中华人民共和国公司法
（2023 年修订）

中华人民共和国主席令

（第十五号）

《中华人民共和国公司法》已由中华人民共和国第十四届全国人民代表大会常务委员会第七次会议于 2023 年 12 月 29 日修订通过，现予公布，自 2024 年 7 月 1 日起施行。

中华人民共和国主席　习近平

2023 年 12 月 29 日

中华人民共和国公司法

（1993 年 12 月 29 日第八届全国人民代表大会常务委员会第五次会议通过　根据 1999 年 12 月 25 日第九届全国人民代表大会常务委员会第十三次会议《关于修改〈中华人民共和国公司法〉的决定》第一次修正　根据 2004 年 8 月 28 日第十届全国人民代表大会常务委员会第十一次会议《关于修改〈中华人民共和国公司法〉的决定》第二次修正　2005 年 10 月 27 日第十届全国人民代表大会常务委员会第十八次会议第一次修订　根据 2013 年 12 月 28 日第十二届全国人民代表大会常务委员会第六次会议《关于修改〈中华人民共和国海洋环境保护法〉等七部法律的决定》第三次修正　根据 2018 年 10 月 26 日第十三届全国人民代表大会常务委员会第六次会议《关于修改〈中华人民共和国公司法〉的决定》第四次修正　2023 年 12 月 29 日第十四届全国人民代表大会常务委员会第七次会议第二次修订）

目　录

第一章　总　　则

第一条　【立法目的】

为了规范公司的组织和行为，保护公司、股东、职工和债权人的合法权益，完善中国特色现代企业制度，弘扬企业家精神，维护社会经济秩序，促进社会主义市场经济的发展，根据宪法，制定本法。

第二条　【公司类型】

本法所称公司，是指依照本法在中华人民共和国境内设立的有限责任公司和股份有限公司。

第三条　【公司的法律地位】

公司是企业法人，有独立的法人财产，享有法人财产权。公司以其全部财产对公司的债务承担责任。

公司的合法权益受法律保护，不受侵犯。

第四条　【股东有限责任和股东权利】

有限责任公司的股东以其认缴的出资额为限对公司承担责任；股份有限公司的股东以其认购的股份为限对公司承担责任。

公司股东对公司依法享有资产收益、参与重大决策和选择管理者等权利。

第五条　【公司章程】

设立公司应当依法制定公司章程。公司章程对公司、股东、董事、监事、高级管理人员具有约束力。

第六条　【公司名称】

公司应当有自己的名称。公司名称应当符合国家有关规定。

公司的名称权受法律保护。

第七条　【公司名称中的组织形式】

依照本法设立的有限责任公司，应当在公司名称中标明有限责任公司或者有限公司字样。

依照本法设立的股份有限公司，应当在公司名称中标明股份有限公司或者股份公司字样。

第八条　【公司住所】

公司以其主要办事机构所在地为住所。

第九条　【经营范围】

公司的经营范围由公司章程规定。公司可以修改公司章程，变更经营范围。

公司的经营范围中属于法律、行政法规规定须经批准的项目，应当依法经过批准。

第十条　【法定代表人的选任、辞任与补任】

公司的法定代表人按照公司章程的规定，由代表公司执行公司事务的董事或者经理担任。

担任法定代表人的董事或者经理辞任的，视为同时辞去法定代表人。

法定代表人辞任的，公司应当在法定代表人辞任之日起三十日内确定新的法定代表人。

第十一条　【法定代表人的行为后果】

法定代表人以公司名义从事的民事活动，其法律后果由公司承受。

公司章程或者股东会对法定代表人职权的限制，不得对抗善意相对人。

法定代表人因执行职务造成他人损害的，由公司承担民事责任。公司承担民事责任后，依照法律或者公司章程的规定，可以向有过错的法定代表人追偿。

第十二条　【公司形式变更】

有限责任公司变更为股份有限公司，应当符合本法规定的股份有限公司的条件。股份有限公司变更为有限责任公司，应当符合本法规定的有限责任公司的条件。

有限责任公司变更为股份有限公司的，或者股份有限公司变更为有限责任公司的，公司变更前的债权、债务由变更后的公司承继。

第十三条　【子公司与分公司】

公司可以设立子公司。子公司具有法人资格，依法独立承担民事责任。

公司可以设立分公司。分公司不具有法人资格，其民事责任由公司承担。

第十四条　【转投资的对象】

公司可以向其他企业投资。

法律规定公司不得成为对所投资企业的债务承担连带责任的出资人的，从其规定。

第十五条　【公司投资或提供担保的限制】

公司向其他企业投资或者为他人提供担保，按照公司章程的规定，由董事会或者股东会决议；公司章程对投资或者担保的总额及单项投资或者担保的数额有限额规定的，不得超过规定的限额。

公司为公司股东或者实际控制人提供担保的，应当经股东会决议。

前款规定的股东或者受前款规定的实际控制人支配的股东，不得参加前款规定事项的表决。该项表决由出席会议的其他股东所持表决权的过半数通过。

第十六条 【职工权益保护】

公司应当保护职工的合法权益，依法与职工签订劳动合同，参加社会保险，加强劳动保护，实现安全生产。

公司应当采用多种形式，加强公司职工的职业教育和岗位培训，提高职工素质。

第十七条 【工会和公司民主管理】

公司职工依照《中华人民共和国工会法》组织工会，开展工会活动，维护职工合法权益。公司应当为本公司工会提供必要的活动条件。公司工会代表职工就职工的劳动报酬、工作时间、休息休假、劳动安全卫生和保险福利等事项依法与公司签订集体合同。

公司依照宪法和有关法律的规定，建立健全以职工代表大会为基本形式的民主管理制度，通过职工代表大会或者其他形式，实行民主管理。

公司研究决定改制、解散、申请破产以及经营方面的重大问题、制定重要的规章制度时，应当听取公司工会的意见，并通过职工代表大会或者其他形式听取职工的意见和建议。

第十八条 【公司党组织】

在公司中，根据中国共产党章程的规定，设立中国共产党的组织，开展党的活动。公司应当为党组织的活动提供必要条件。

第十九条 【合法合规经营义务】

公司从事经营活动，应当遵守法律法规，遵守社会公德、商业道德，诚实守信，接受政府和社会公众的监督。

第二十条 【公司社会责任】

公司从事经营活动，应当充分考虑公司职工、消费者等利益相关者的利益以及生态环境保护等社会公共利益，承担社会责任。

国家鼓励公司参与社会公益活动，公布社会责任报告。

第二十一条 【禁止股东滥用权利】

公司股东应当遵守法律、行政法规和公司章程，依法行使股东权利，不得滥用股东权利损害公司或者其他股东的利益。

公司股东滥用股东权利给公司或者其他股东造成损失的，应当承担赔偿责任。

第二十二条　【不当关联交易】

公司的控股股东、实际控制人、董事、监事、高级管理人员不得利用关联关系损害公司利益。

违反前款规定，给公司造成损失的，应当承担赔偿责任。

第二十三条　【法人人格否认】

公司股东滥用公司法人独立地位和股东有限责任，逃避债务，严重损害公司债权人利益的，应当对公司债务承担连带责任。

股东利用其控制的两个以上公司实施前款规定行为的，各公司应当对任一公司的债务承担连带责任。

只有一个股东的公司，股东不能证明公司财产独立于股东自己的财产的，应当对公司债务承担连带责任。

第二十四条　【电子通信会议和表决】

公司股东会、董事会、监事会召开会议和表决可以采用电子通信方式，公司章程另有规定的除外。

第二十五条　【决议无效】

公司股东会、董事会的决议内容违反法律、行政法规的无效。

第二十六条　【决议可撤销】

公司股东会、董事会的会议召集程序、表决方式违反法律、行政法规或者公司章程，或者决议内容违反公司章程的，股东自决议作出之日起六十日内，可以请求人民法院撤销。但是，股东会、董事会的会议召集程序或者表决方式仅有轻微瑕疵，对决议未产生实质影响的除外。

未被通知参加股东会会议的股东自知道或者应当知道股东会决议作出之日起六十日内，可以请求人民法院撤销；自决议作出之日起一年内没有行使撤销权的，撤销权消灭。

第二十七条　【决议不成立】

有下列情形之一的，公司股东会、董事会的决议不成立：

（一）未召开股东会、董事会会议作出决议；

（二）股东会、董事会会议未对决议事项进行表决；

（三）出席会议的人数或者所持表决权数未达到本法或者公司章程规定的人数或者所持表决权数；

（四）同意决议事项的人数或者所持表决权数未达到本法或者公司章程规定

的人数或者所持表决权数。

第二十八条　【决议瑕疵的效力】

公司股东会、董事会决议被人民法院宣告无效、撤销或者确认不成立的，公司应当向公司登记机关申请撤销根据该决议已办理的登记。

股东会、董事会决议被人民法院宣告无效、撤销或者确认不成立的，公司根据该决议与善意相对人形成的民事法律关系不受影响。

第二章　公司登记

第二十九条　【设立登记】

设立公司，应当依法向公司登记机关申请设立登记。

法律、行政法规规定设立公司必须报经批准的，应当在公司登记前依法办理批准手续。

第三十条　【申请材料】

申请设立公司，应当提交设立登记申请书、公司章程等文件，提交的相关材料应当真实、合法和有效。

申请材料不齐全或者不符合法定形式的，公司登记机关应当一次性告知需要补正的材料。

第三十一条　【设立准则主义】

申请设立公司，符合本法规定的设立条件的，由公司登记机关分别登记为有限责任公司或者股份有限公司；不符合本法规定的设立条件的，不得登记为有限责任公司或者股份有限公司。

第三十二条　【公司登记事项】

公司登记事项包括：

（一）名称；

（二）住所；

（三）注册资本；

（四）经营范围；

（五）法定代表人的姓名；

（六）有限责任公司股东、股份有限公司发起人的姓名或者名称。

公司登记机关应当将前款规定的公司登记事项通过国家企业信用信息公示系

统向社会公示。

第三十三条　【营业执照】

依法设立的公司，由公司登记机关发给公司营业执照。公司营业执照签发日期为公司成立日期。

公司营业执照应当载明公司的名称、住所、注册资本、经营范围、法定代表人姓名等事项。

公司登记机关可以发给电子营业执照。电子营业执照与纸质营业执照具有同等法律效力。

第三十四条　【变更登记与登记效力】

公司登记事项发生变更的，应当依法办理变更登记。

公司登记事项未经登记或者未经变更登记，不得对抗善意相对人。

第三十五条　【变更登记的申请文件】

公司申请变更登记，应当向公司登记机关提交公司法定代表人签署的变更登记申请书、依法作出的变更决议或者决定等文件。

公司变更登记事项涉及修改公司章程的，应当提交修改后的公司章程。

公司变更法定代表人的，变更登记申请书由变更后的法定代表人签署。

第三十六条　【营业执照换发】

公司营业执照记载的事项发生变更的，公司办理变更登记后，由公司登记机关换发营业执照。

第三十七条　【注销登记】

公司因解散、被宣告破产或者其他法定事由需要终止的，应当依法向公司登记机关申请注销登记，由公司登记机关公告公司终止。

第三十八条　【分公司登记】

公司设立分公司，应当向公司登记机关申请登记，领取营业执照。

第三十九条　【公司设立登记的撤销】

虚报注册资本、提交虚假材料或者采取其他欺诈手段隐瞒重要事实取得公司设立登记的，公司登记机关应当依照法律、行政法规的规定予以撤销。

第四十条　【公司信息公示】

公司应当按照规定通过国家企业信用信息公示系统公示下列事项：

（一）有限责任公司股东认缴和实缴的出资额、出资方式和出资日期，股份有限公司发起人认购的股份数；

（二）有限责任公司股东、股份有限公司发起人的股权、股份变更信息；

（三）行政许可取得、变更、注销等信息；

（四）法律、行政法规规定的其他信息。

公司应当确保前款公示信息真实、准确、完整。

第四十一条　【优化登记服务和立法授权】

公司登记机关应当优化公司登记办理流程，提高公司登记效率，加强信息化建设，推行网上办理等便捷方式，提升公司登记便利化水平。

国务院市场监督管理部门根据本法和有关法律、行政法规的规定，制定公司登记注册的具体办法。

第三章　有限责任公司的设立和组织机构

第一节　设立

第四十二条　【股东人数】

有限责任公司由一个以上五十个以下股东出资设立。

第四十三条　【设立协议】

有限责任公司设立时的股东可以签订设立协议，明确各自在公司设立过程中的权利和义务。

第四十四条　【设立责任】

有限责任公司设立时的股东为设立公司从事的民事活动，其法律后果由公司承受。

公司未成立的，其法律后果由公司设立时的股东承受；设立时的股东为二人以上的，享有连带债权，承担连带债务。

设立时的股东为设立公司以自己的名义从事民事活动产生的民事责任，第三人有权选择请求公司或者公司设立时的股东承担。

设立时的股东因履行公司设立职责造成他人损害的，公司或者无过错的股东承担赔偿责任后，可以向有过错的股东追偿。

第四十五条　【章程制定】

设立有限责任公司，应当由股东共同制定公司章程。

第四十六条　【公司章程内容】

有限责任公司章程应当载明下列事项：

（一）公司名称和住所；
（二）公司经营范围；
（三）公司注册资本；
（四）股东的姓名或者名称；
（五）股东的出资额、出资方式和出资日期；
（六）公司的机构及其产生办法、职权、议事规则；
（七）公司法定代表人的产生、变更办法；
（八）股东会认为需要规定的其他事项。

股东应当在公司章程上签名或者盖章。

第四十七条　【注册资本】

有限责任公司的注册资本为在公司登记机关登记的全体股东认缴的出资额。全体股东认缴的出资额由股东按照公司章程的规定自公司成立之日起五年内缴足。

法律、行政法规以及国务院决定对有限责任公司注册资本实缴、注册资本最低限额、股东出资期限另有规定的，从其规定。

第四十八条　【出资方式】

股东可以用货币出资，也可以用实物、知识产权、土地使用权、股权、债权等可以用货币估价并可以依法转让的非货币财产作价出资；但是，法律、行政法规规定不得作为出资的财产除外。

对作为出资的非货币财产应当评估作价，核实财产，不得高估或者低估作价。法律、行政法规对评估作价有规定的，从其规定。

第四十九条　【出资义务】

股东应当按期足额缴纳公司章程规定的各自所认缴的出资额。

股东以货币出资的，应当将货币出资足额存入有限责任公司在银行开设的账户；以非货币财产出资的，应当依法办理其财产权的转移手续。

股东未按期足额缴纳出资的，除应当向公司足额缴纳外，还应当对给公司造成的损失承担赔偿责任。

第五十条　【出资补足责任】

有限责任公司设立时，股东未按照公司章程规定实际缴纳出资，或者实际出资的非货币财产的实际价额显著低于所认缴的出资额的，设立时的其他股东与该股东在出资不足的范围内承担连带责任。

第五十一条　【董事会的核查和催缴义务】

有限责任公司成立后，董事会应当对股东的出资情况进行核查，发现股东未按期足额缴纳公司章程规定的出资的，应当由公司向该股东发出书面催缴书，催缴出资。

未及时履行前款规定的义务，给公司造成损失的，负有责任的董事应当承担赔偿责任。

第五十二条　【催缴失权】

股东未按照公司章程规定的出资日期缴纳出资，公司依照前条第一款规定发出书面催缴书催缴出资的，可以载明缴纳出资的宽限期；宽限期自公司发出催缴书之日起，不得少于六十日。宽限期届满，股东仍未履行出资义务的，公司经董事会决议可以向该股东发出失权通知，通知应当以书面形式发出。自通知发出之日起，该股东丧失其未缴纳出资的股权。

依照前款规定丧失的股权应当依法转让，或者相应减少注册资本并注销该股权；六个月内未转让或者注销的，由公司其他股东按照其出资比例足额缴纳相应出资。

股东对失权有异议的，应当自接到失权通知之日起三十日内，向人民法院提起诉讼。

第五十三条　【抽逃出资的法律责任】

公司成立后，股东不得抽逃出资。

违反前款规定的，股东应当返还抽逃的出资；给公司造成损失的，负有责任的董事、监事、高级管理人员应当与该股东承担连带赔偿责任。

第五十四条　【股东出资义务加速到期】

公司不能清偿到期债务的，公司或者已到期债权的债权人有权要求已认缴出资但未届出资期限的股东提前缴纳出资。

第五十五条　【出资证明书】

有限责任公司成立后，应当向股东签发出资证明书，记载下列事项：

（一）公司名称；

（二）公司成立日期；

（三）公司注册资本；

（四）股东的姓名或者名称、认缴和实缴的出资额、出资方式和出资日期；

（五）出资证明书的编号和核发日期。

出资证明书由法定代表人签名，并由公司盖章。

第五十六条　【股东名册】

有限责任公司应当置备股东名册，记载下列事项：

（一）股东的姓名或者名称及住所；

（二）股东认缴和实缴的出资额、出资方式和出资日期；

（三）出资证明书编号；

（四）取得和丧失股东资格的日期。

记载于股东名册的股东，可以依股东名册主张行使股东权利。

第五十七条　【股东知情权】

股东有权查阅、复制公司章程、股东名册、股东会会议记录、董事会会议决议、监事会会议决议和财务会计报告。

股东可以要求查阅公司会计账簿、会计凭证。股东要求查阅公司会计账簿、会计凭证的，应当向公司提出书面请求，说明目的。公司有合理根据认为股东查阅会计账簿、会计凭证有不正当目的，可能损害公司合法利益的，可以拒绝提供查阅，并应当自股东提出书面请求之日起十五日内书面答复股东并说明理由。公司拒绝提供查阅的，股东可以向人民法院提起诉讼。

股东查阅前款规定的材料，可以委托会计师事务所、律师事务所等中介机构进行。

股东及其委托的会计师事务所、律师事务所等中介机构查阅、复制有关材料，应当遵守有关保护国家秘密、商业秘密、个人隐私、个人信息等法律、行政法规的规定。

股东要求查阅、复制公司全资子公司相关材料的，适用前四款的规定。

第二节　组织机构

第五十八条　【股东会的组成及地位】

有限责任公司股东会由全体股东组成。股东会是公司的权力机构，依照本法行使职权。

第五十九条　【股东会职权】

股东会行使下列职权：

（一）选举和更换董事、监事，决定有关董事、监事的报酬事项；

（二）审议批准董事会的报告；

（三）审议批准监事会的报告；

（四）审议批准公司的利润分配方案和弥补亏损方案；

（五）对公司增加或者减少注册资本作出决议；

（六）对发行公司债券作出决议；

（七）对公司合并、分立、解散、清算或者变更公司形式作出决议；

（八）修改公司章程；

（九）公司章程规定的其他职权。

股东会可以授权董事会对发行公司债券作出决议。

对本条第一款所列事项股东以书面形式一致表示同意的，可以不召开股东会会议，直接作出决定，并由全体股东在决定文件上签名或者盖章。

第六十条　【一人公司的股东决定】

只有一个股东的有限责任公司不设股东会。股东作出前条第一款所列事项的决定时，应当采用书面形式，并由股东签名或者盖章后置备于公司。

第六十一条　【首次股东会会议】

首次股东会会议由出资最多的股东召集和主持，依照本法规定行使职权。

第六十二条　【股东会定期会议和临时会议】

股东会会议分为定期会议和临时会议。

定期会议应当按照公司章程的规定按时召开。代表十分之一以上表决权的股东、三分之一以上的董事或者监事会提议召开临时会议的，应当召开临时会议。

第六十三条　【股东会会议的召集与主持】

股东会会议由董事会召集，董事长主持；董事长不能履行职务或者不履行职务的，由副董事长主持；副董事长不能履行职务或者不履行职务的，由过半数的董事共同推举一名董事主持。

董事会不能履行或者不履行召集股东会会议职责的，由监事会召集和主持；监事会不召集和主持的，代表十分之一以上表决权的股东可以自行召集和主持。

第六十四条　【股东会会议的通知与记录】

召开股东会会议，应当于会议召开十五日前通知全体股东；但是，公司章程另有规定或者全体股东另有约定的除外。

股东会应当对所议事项的决定作成会议记录，出席会议的股东应当在会议记录上签名或者盖章。

第六十五条　【股东表决权行使】

股东会会议由股东按照出资比例行使表决权；但是，公司章程另有规定的除外。

第六十六条　【股东会会议的议事方式和表决程序】

股东会的议事方式和表决程序，除本法有规定的外，由公司章程规定。

股东会作出决议，应当经代表过半数表决权的股东通过。

股东会作出修改公司章程、增加或者减少注册资本的决议，以及公司合并、分立、解散或者变更公司形式的决议，应当经代表三分之二以上表决权的股东通过。

第六十七条　【董事会职权】

有限责任公司设董事会，本法第七十五条另有规定的除外。

董事会行使下列职权：

（一）召集股东会会议，并向股东会报告工作；

（二）执行股东会的决议；

（三）决定公司的经营计划和投资方案；

（四）制订公司的利润分配方案和弥补亏损方案；

（五）制订公司增加或者减少注册资本以及发行公司债券的方案；

（六）制订公司合并、分立、解散或者变更公司形式的方案；

（七）决定公司内部管理机构的设置；

（八）决定聘任或者解聘公司经理及其报酬事项，并根据经理的提名决定聘任或者解聘公司副经理、财务负责人及其报酬事项；

（九）制定公司的基本管理制度；

（十）公司章程规定或者股东会授予的其他职权。

公司章程对董事会职权的限制不得对抗善意相对人。

第六十八条　【董事会的组成】

有限责任公司董事会成员为三人以上，其成员中可以有公司职工代表。职工人数三百人以上的有限责任公司，除依法设监事会并有公司职工代表的外，其董事会成员中应当有公司职工代表。董事会中的职工代表由公司职工通过职工代表大会、职工大会或者其他形式民主选举产生。

董事会设董事长一人，可以设副董事长。董事长、副董事长的产生办法由公司章程规定。

第六十九条　【审计委员会】

有限责任公司可以按照公司章程的规定在董事会中设置由董事组成的审计委员会，行使本法规定的监事会的职权，不设监事会或者监事。公司董事会成员中的职工代表可以成为审计委员会成员。

第七十条　【董事的任期、选任与辞任】

董事任期由公司章程规定，但每届任期不得超过三年。董事任期届满，连选可以连任。

董事任期届满未及时改选，或者董事在任期内辞任导致董事会成员低于法定人数的，在改选出的董事就任前，原董事仍应当依照法律、行政法规和公司章程的规定，履行董事职务。

董事辞任的，应当以书面形式通知公司，公司收到通知之日辞任生效，但存在前款规定情形的，董事应当继续履行职务。

第七十一条　【董事解任】

股东会可以决议解任董事，决议作出之日解任生效。

无正当理由，在任期届满前解任董事的，该董事可以要求公司予以赔偿。

第七十二条　【董事会会议的召集与主持】

董事会会议由董事长召集和主持；董事长不能履行职务或者不履行职务的，由副董事长召集和主持；副董事长不能履行职务或者不履行职务的，由过半数的董事共同推举一名董事召集和主持。

第七十三条　【董事会的议事方式和表决程序】

董事会的议事方式和表决程序，除本法有规定的外，由公司章程规定。

董事会会议应当有过半数的董事出席方可举行。董事会作出决议，应当经全体董事的过半数通过。

董事会决议的表决，应当一人一票。

董事会应当对所议事项的决定作成会议记录，出席会议的董事应当在会议记录上签名。

第七十四条　【经理的设置与职权】

有限责任公司可以设经理，由董事会决定聘任或者解聘。

经理对董事会负责，根据公司章程的规定或者董事会的授权行使职权。经理列席董事会会议。

第七十五条　【不设董事会的有限责任公司】

规模较小或者股东人数较少的有限责任公司，可以不设董事会，设一名董事，行使本法规定的董事会的职权。该董事可以兼任公司经理。

第七十六条　【监事会的设置与组成】

有限责任公司设监事会，本法第六十九条、第八十三条另有规定的除外。

监事会成员为三人以上。监事会成员应当包括股东代表和适当比例的公司职工代表，其中职工代表的比例不得低于三分之一，具体比例由公司章程规定。监事会中的职工代表由公司职工通过职工代表大会、职工大会或者其他形式民主选举产生。

监事会设主席一人，由全体监事过半数选举产生。监事会主席召集和主持监事会会议；监事会主席不能履行职务或者不履行职务的，由过半数的监事共同推举一名监事召集和主持监事会会议。

董事、高级管理人员不得兼任监事。

第七十七条　【监事的任期、选任与辞任】

监事的任期每届为三年。监事任期届满，连选可以连任。

监事任期届满未及时改选，或者监事在任期内辞任导致监事会成员低于法定人数的，在改选出的监事就任前，原监事仍应当依照法律、行政法规和公司章程的规定，履行监事职务。

第七十八条　【监事会职权】

监事会行使下列职权：

（一）检查公司财务；

（二）对董事、高级管理人员执行职务的行为进行监督，对违反法律、行政法规、公司章程或者股东会决议的董事、高级管理人员提出解任的建议；

（三）当董事、高级管理人员的行为损害公司的利益时，要求董事、高级管理人员予以纠正；

（四）提议召开临时股东会会议，在董事会不履行本法规定的召集和主持股东会会议职责时召集和主持股东会会议；

（五）向股东会会议提出提案；

（六）依照本法第一百八十九条的规定，对董事、高级管理人员提起诉讼；

（七）公司章程规定的其他职权。

第七十九条　【列席权、质询建议权和调查权】

监事可以列席董事会会议，并对董事会决议事项提出质询或者建议。

监事会发现公司经营情况异常，可以进行调查；必要时，可以聘请会计师事务所等协助其工作，费用由公司承担。

第八十条　【监事会要求提交执行职务报告的权力】

监事会可以要求董事、高级管理人员提交执行职务的报告。

董事、高级管理人员应当如实向监事会提供有关情况和资料，不得妨碍监事会或者监事行使职权。

第八十一条　【监事会会议】

监事会每年度至少召开一次会议，监事可以提议召开临时监事会会议。

监事会的议事方式和表决程序，除本法有规定的外，由公司章程规定。

监事会决议应当经全体监事的过半数通过。

监事会决议的表决，应当一人一票。

监事会应当对所议事项的决定作成会议记录，出席会议的监事应当在会议记录上签名。

第八十二条　【监事会履职费用的承担】

监事会行使职权所必需的费用，由公司承担。

第八十三条　【不设监事会的有限责任公司】

规模较小或者股东人数较少的有限责任公司，可以不设监事会，设一名监事，行使本法规定的监事会的职权；经全体股东一致同意，也可以不设监事。

第四章　有限责任公司的股权转让

第八十四条　【股权转让】

有限责任公司的股东之间可以相互转让其全部或者部分股权。

股东向股东以外的人转让股权的，应当将股权转让的数量、价格、支付方式和期限等事项书面通知其他股东，其他股东在同等条件下有优先购买权。股东自接到书面通知之日起三十日内未答复的，视为放弃优先购买权。两个以上股东行使优先购买权的，协商确定各自的购买比例；协商不成的，按照转让时各自的出资比例行使优先购买权。

公司章程对股权转让另有规定的，从其规定。

第八十五条　【强制执行程序中的优先购买权】

人民法院依照法律规定的强制执行程序转让股东的股权时，应当通知公司及全体股东，其他股东在同等条件下有优先购买权。其他股东自人民法院通知之日起满二十日不行使优先购买权的，视为放弃优先购买权。

第八十六条　【股东名册变更】

股东转让股权的，应当书面通知公司，请求变更股东名册；需要办理变更登记的，并请求公司向公司登记机关办理变更登记。公司拒绝或者在合理期限内不予答复的，转让人、受让人可以依法向人民法院提起诉讼。

股权转让的，受让人自记载于股东名册时起可以向公司主张行使股东权利。

第八十七条　【股权转让后的变更记载】

依照本法转让股权后，公司应当及时注销原股东的出资证明书，向新股东签发出资证明书，并相应修改公司章程和股东名册中有关股东及其出资额的记载。对公司章程的该项修改不需再由股东会表决。

第八十八条　【出资义务承担】

股东转让已认缴出资但未届出资期限的股权的，由受让人承担缴纳该出资的义务；受让人未按期足额缴纳出资的，转让人对受让人未按期缴纳的出资承担补充责任。

未按照公司章程规定的出资日期缴纳出资或者作为出资的非货币财产的实际价额显著低于所认缴的出资额的股东转让股权的，转让人与受让人在出资不足的范围内承担连带责任；受让人不知道且不应当知道存在上述情形的，由转让人承担责任。

第八十九条　【异议股东股权收购请求权】

有下列情形之一的，对股东会该项决议投反对票的股东可以请求公司按照合理的价格收购其股权：

（一）公司连续五年不向股东分配利润，而公司该五年连续盈利，并且符合本法规定的分配利润条件；

（二）公司合并、分立、转让主要财产；

（三）公司章程规定的营业期限届满或者章程规定的其他解散事由出现，股东会通过决议修改章程使公司存续。

自股东会决议作出之日起六十日内，股东与公司不能达成股权收购协议的，股东可以自股东会决议作出之日起九十日内向人民法院提起诉讼。

公司的控股股东滥用股东权利，严重损害公司或者其他股东利益的，其他股东有权请求公司按照合理的价格收购其股权。

公司因本条第一款、第三款规定的情形收购的本公司股权，应当在六个月内依法转让或者注销。

第九十条 【股东资格的继承】

自然人股东死亡后，其合法继承人可以继承股东资格；但是，公司章程另有规定的除外。

第五章 股份有限公司的设立和组织机构

第一节 设立

第九十一条 【设立方式】

设立股份有限公司，可以采取发起设立或者募集设立的方式。

发起设立，是指由发起人认购设立公司时应发行的全部股份而设立公司。

募集设立，是指由发起人认购设立公司时应发行股份的一部分，其余股份向特定对象募集或者向社会公开募集而设立公司。

第九十二条 【发起人的限制】

设立股份有限公司，应当有一人以上二百人以下为发起人，其中应当有半数以上的发起人在中华人民共和国境内有住所。

第九十三条 【发起人的义务】

股份有限公司发起人承担公司筹办事务。

发起人应当签订发起人协议，明确各自在公司设立过程中的权利和义务。

第九十四条 【章程制定】

设立股份有限公司，应当由发起人共同制订公司章程。

第九十五条 【公司章程内容】

股份有限公司章程应当载明下列事项：

（一）公司名称和住所；

（二）公司经营范围；

（三）公司设立方式；

（四）公司注册资本、已发行的股份数和设立时发行的股份数，面额股的每股金额；

（五）发行类别股的，每一类别股的股份数及其权利和义务；

（六）发起人的姓名或者名称、认购的股份数、出资方式；

（七）董事会的组成、职权和议事规则；

（八）公司法定代表人的产生、变更办法；

（九）监事会的组成、职权和议事规则；

（十）公司利润分配办法；

（十一）公司的解散事由与清算办法；

（十二）公司的通知和公告办法；

（十三）股东会认为需要规定的其他事项。

第九十六条　【注册资本】

股份有限公司的注册资本为在公司登记机关登记的已发行股份的股本总额。在发起人认购的股份缴足前，不得向他人募集股份。

法律、行政法规以及国务院决定对股份有限公司注册资本最低限额另有规定的，从其规定。

第九十七条　【发起人认购股份】

以发起设立方式设立股份有限公司的，发起人应当认足公司章程规定的公司设立时应发行的股份。

以募集设立方式设立股份有限公司的，发起人认购的股份不得少于公司章程规定的公司设立时应发行股份总数的百分之三十五；但是，法律、行政法规另有规定的，从其规定。

第九十八条　【缴纳股款】

发起人应当在公司成立前按照其认购的股份全额缴纳股款。

发起人的出资，适用本法第四十八条、第四十九条第二款关于有限责任公司股东出资的规定。

第九十九条　【发起人的连带责任】

发起人不按照其认购的股份缴纳股款，或者作为出资的非货币财产的实际价额显著低于所认购的股份的，其他发起人与该发起人在出资不足的范围内承担连带责任。

第一百条　【公开募集股份】

发起人向社会公开募集股份，应当公告招股说明书，并制作认股书。认股书应当载明本法第一百五十四条第二款、第三款所列事项，由认股人填写认购的股份数、金额、住所，并签名或者盖章。认股人应当按照所认购股份足额缴纳股款。

第一百零一条　【验资】

向社会公开募集股份的股款缴足后，应当经依法设立的验资机构验资并出具证明。

第一百零二条　【股东名册】

股份有限公司应当制作股东名册并置备于公司。股东名册应当记载下列事项：

（一）股东的姓名或者名称及住所；

（二）各股东所认购的股份种类及股份数；

（三）发行纸面形式的股票的，股票的编号；

（四）各股东取得股份的日期。

第一百零三条　【成立大会】

募集设立股份有限公司的发起人应当自公司设立时应发行股份的股款缴足之日起三十日内召开公司成立大会。发起人应当在成立大会召开十五日前将会议日期通知各认股人或者予以公告。成立大会应当有持有表决权过半数的认股人出席，方可举行。

以发起设立方式设立股份有限公司成立大会的召开和表决程序由公司章程或者发起人协议规定。

第一百零四条　【成立大会职权】

公司成立大会行使下列职权：

（一）审议发起人关于公司筹办情况的报告；

（二）通过公司章程；

（三）选举董事、监事；

（四）对公司的设立费用进行审核；

（五）对发起人非货币财产出资的作价进行审核；

（六）发生不可抗力或者经营条件发生重大变化直接影响公司设立的，可以作出不设立公司的决议。

成立大会对前款所列事项作出决议，应当经出席会议的认股人所持表决权过半数通过。

第一百零五条　【不得抽回股本】

公司设立时应发行的股份未募足，或者发行股份的股款缴足后，发起人在三十日内未召开成立大会的，认股人可以按照所缴股款并加算银行同期存款利息，要求发起人返还。

发起人、认股人缴纳股款或者交付非货币财产出资后，除未按期募足股份、发起人未按期召开成立大会或者成立大会决议不设立公司的情形外，不得抽回其股本。

第一百零六条　【申请设立登记】

董事会应当授权代表，于公司成立大会结束后三十日内向公司登记机关申请设立登记。

第一百零七条　【出资责任和抽逃出资等规则的引致】

本法第四十四条、第四十九条第三款、第五十一条、第五十二条、第五十三条的规定，适用于股份有限公司。

第一百零八条　【公司形式的变更】

有限责任公司变更为股份有限公司时，折合的实收股本总额不得高于公司净资产额。有限责任公司变更为股份有限公司，为增加注册资本公开发行股份时，应当依法办理。

第一百零九条　【重要资料的置备】

股份有限公司应当将公司章程、股东名册、股东会会议记录、董事会会议记录、监事会会议记录、财务会计报告、债券持有人名册置备于本公司。

第一百一十条　【股东知情权】

股东有权查阅、复制公司章程、股东名册、股东会会议记录、董事会会议决议、监事会会议决议、财务会计报告，对公司的经营提出建议或者质询。

连续一百八十日以上单独或者合计持有公司百分之三以上股份的股东要求查阅公司的会计账簿、会计凭证的，适用本法第五十七条第二款、第三款、第四款的规定。公司章程对持股比例有较低规定的，从其规定。

股东要求查阅、复制公司全资子公司相关材料的，适用前两款的规定。

上市公司股东查阅、复制相关材料的，应当遵守《中华人民共和国证券法》等法律、行政法规的规定。

第二节　股东会

第一百一十一条　【股东会的组成与地位】

股份有限公司股东会由全体股东组成。股东会是公司的权力机构，依照本法行使职权。

第一百一十二条　【股东会职权】

本法第五十九条第一款、第二款关于有限责任公司股东会职权的规定，适用于股份有限公司股东会。

本法第六十条关于只有一个股东的有限责任公司不设股东会的规定，适用于只有一个股东的股份有限公司。

第一百一十三条　【股东会年度会议和临时会议】

股东会应当每年召开一次年会。有下列情形之一的，应当在两个月内召开临时股东会会议：

（一）董事人数不足本法规定人数或者公司章程所定人数的三分之二时；

（二）公司未弥补的亏损达股本总额三分之一时；

（三）单独或者合计持有公司百分之十以上股份的股东请求时；

（四）董事会认为必要时；

（五）监事会提议召开时；

（六）公司章程规定的其他情形。

第一百一十四条　【股东会会议的召集与主持】

股东会会议由董事会召集，董事长主持；董事长不能履行职务或者不履行职务的，由副董事长主持；副董事长不能履行职务或者不履行职务的，由过半数的董事共同推举一名董事主持。

董事会不能履行或者不履行召集股东会会议职责的，监事会应当及时召集和主持；监事会不召集和主持的，连续九十日以上单独或者合计持有公司百分之十以上股份的股东可以自行召集和主持。

单独或者合计持有公司百分之十以上股份的股东请求召开临时股东会会议的，董事会、监事会应当在收到请求之日起十日内作出是否召开临时股东会会议的决定，并书面答复股东。

第一百一十五条　【股东会的通知与提案】

召开股东会会议，应当将会议召开的时间、地点和审议的事项于会议召开二十日前通知各股东；临时股东会会议应当于会议召开十五日前通知各股东。

单独或者合计持有公司百分之一以上股份的股东，可以在股东会会议召开十日前提出临时提案并书面提交董事会。临时提案应当有明确议题和具体决议事项。董事会应当在收到提案后二日内通知其他股东，并将该临时提案提交股东会审议；但临时提案违反法律、行政法规或者公司章程的规定，或者不属于股东会职权范围的除外。公司不得提高提出临时提案股东的持股比例。

公开发行股份的公司，应当以公告方式作出前两款规定的通知。

股东会不得对通知中未列明的事项作出决议。

第一百一十六条 【股东表决权和决议比例】

股东出席股东会会议，所持每一股份有一表决权，类别股股东除外。公司持有的本公司股份没有表决权。

股东会作出决议，应当经出席会议的股东所持表决权过半数通过。

股东会作出修改公司章程、增加或者减少注册资本的决议，以及公司合并、分立、解散或者变更公司形式的决议，应当经出席会议的股东所持表决权的三分之二以上通过。

第一百一十七条 【董事、监事选举的累积投票制】

股东会选举董事、监事，可以按照公司章程的规定或者股东会的决议，实行累积投票制。

本法所称累积投票制，是指股东会选举董事或者监事时，每一股份拥有与应选董事或者监事人数相同的表决权，股东拥有的表决权可以集中使用。

第一百一十八条 【出席股东会的代理】

股东委托代理人出席股东会会议的，应当明确代理人代理的事项、权限和期限；代理人应当向公司提交股东授权委托书，并在授权范围内行使表决权。

第一百一十九条 【股东会会议记录】

股东会应当对所议事项的决定作成会议记录，主持人、出席会议的董事应当在会议记录上签名。会议记录应当与出席股东的签名册及代理出席的委托书一并保存。

第三节 董事会、经理

第一百二十条 【董事会的组成、任期及职权】

股份有限公司设董事会，本法第一百二十八条另有规定的除外。

本法第六十七条、第六十八条第一款、第七十条、第七十一条的规定，适用于股份有限公司。

第一百二十一条　【审计委员会】

股份有限公司可以按照公司章程的规定在董事会中设置由董事组成的审计委员会，行使本法规定的监事会的职权，不设监事会或者监事。

审计委员会成员为三名以上，过半数成员不得在公司担任除董事以外的其他职务，且不得与公司存在任何可能影响其独立客观判断的关系。公司董事会成员中的职工代表可以成为审计委员会成员。

审计委员会作出决议，应当经审计委员会成员的过半数通过。

审计委员会决议的表决，应当一人一票。

审计委员会的议事方式和表决程序，除本法有规定的外，由公司章程规定。

公司可以按照公司章程的规定在董事会中设置其他委员会。

第一百二十二条　【董事长的产生及职权】

董事会设董事长一人，可以设副董事长。董事长和副董事长由董事会以全体董事的过半数选举产生。

董事长召集和主持董事会会议，检查董事会决议的实施情况。副董事长协助董事长工作，董事长不能履行职务或者不履行职务的，由副董事长履行职务；副董事长不能履行职务或者不履行职务的，由过半数的董事共同推举一名董事履行职务。

第一百二十三条　【董事会会议的召开】

董事会每年度至少召开两次会议，每次会议应当于会议召开十日前通知全体董事和监事。

代表十分之一以上表决权的股东、三分之一以上董事或者监事会，可以提议召开临时董事会会议。董事长应当自接到提议后十日内，召集和主持董事会会议。

董事会召开临时会议，可以另定召集董事会的通知方式和通知时限。

第一百二十四条　【董事会会议的议事规则】

董事会会议应当有过半数的董事出席方可举行。董事会作出决议，应当经全体董事的过半数通过。

董事会决议的表决，应当一人一票。

董事会应当对所议事项的决定作成会议记录，出席会议的董事应当在会议记录上签名。

第一百二十五条　【董事会会议的出席及异议免责】

董事会会议，应当由董事本人出席；董事因故不能出席，可以书面委托其他董事代为出席，委托书应当载明授权范围。

董事应当对董事会的决议承担责任。董事会的决议违反法律、行政法规或者公司章程、股东会决议，给公司造成严重损失的，参与决议的董事对公司负赔偿责任；经证明在表决时曾表明异议并记载于会议记录的，该董事可以免除责任。

第一百二十六条　【经理的设置与职权】

股份有限公司设经理，由董事会决定聘任或者解聘。

经理对董事会负责，根据公司章程的规定或者董事会的授权行使职权。经理列席董事会会议。

第一百二十七条　【董事兼任经理】

公司董事会可以决定由董事会成员兼任经理。

第一百二十八条　【不设董事会的股份有限公司】

规模较小或者股东人数较少的股份有限公司，可以不设董事会，设一名董事，行使本法规定的董事会的职权。该董事可以兼任公司经理。

第一百二十九条　【董事、监事、高级管理人员的报酬披露】

公司应当定期向股东披露董事、监事、高级管理人员从公司获得报酬的情况。

第四节　监事会

第一百三十条　【监事会的组成及任期】

股份有限公司设监事会，本法第一百二十一条第一款、第一百三十三条另有规定的除外。

监事会成员为三人以上。监事会成员应当包括股东代表和适当比例的公司职工代表，其中职工代表的比例不得低于三分之一，具体比例由公司章程规定。监事会中的职工代表由公司职工通过职工代表大会、职工大会或者其他形式民主选举产生。

监事会设主席一人，可以设副主席。监事会主席和副主席由全体监事过半数选举产生。监事会主席召集和主持监事会会议；监事会主席不能履行职务或者不履行职务的，由监事会副主席召集和主持监事会会议；监事会副主席不能履行职务或者不履行职务的，由过半数的监事共同推举一名监事召集和主持监事会会议。

董事、高级管理人员不得兼任监事。

本法第七十七条关于有限责任公司监事任期的规定，适用于股份有限公司监事。

第一百三十一条　【监事会的职权及费用】

本法第七十八条至第八十条的规定，适用于股份有限公司监事会。

监事会行使职权所必需的费用，由公司承担。

第一百三十二条　【监事会会议】

监事会每六个月至少召开一次会议。监事可以提议召开临时监事会会议。

监事会的议事方式和表决程序，除本法有规定的外，由公司章程规定。

监事会决议应当经全体监事的过半数通过。

监事会决议的表决，应当一人一票。

监事会应当对所议事项的决定作成会议记录，出席会议的监事应当在会议记录上签名。

第一百三十三条　【不设监事会的股份有限公司】

规模较小或者股东人数较少的股份有限公司，可以不设监事会，设一名监事，行使本法规定的监事会的职权。

第五节　上市公司组织机构的特别规定

第一百三十四条　【上市公司的定义】

本法所称上市公司，是指其股票在证券交易所上市交易的股份有限公司。

第一百三十五条　【特别事项的决议】

上市公司在一年内购买、出售重大资产或者向他人提供担保的金额超过公司资产总额百分之三十的，应当由股东会作出决议，并经出席会议的股东所持表决权的三分之二以上通过。

第一百三十六条　【独立董事】

上市公司设独立董事，具体管理办法由国务院证券监督管理机构规定。

上市公司的公司章程除载明本法第九十五条规定的事项外，还应当依照法律、行政法规的规定载明董事会专门委员会的组成、职权以及董事、监事、高级管理人员薪酬考核机制等事项。

第一百三十七条 【上市公司的审计委员会】

上市公司在董事会中设置审计委员会的，董事会对下列事项作出决议前应当经审计委员会全体成员过半数通过：

（一）聘用、解聘承办公司审计业务的会计师事务所；

（二）聘任、解聘财务负责人；

（三）披露财务会计报告；

（四）国务院证券监督管理机构规定的其他事项。

第一百三十八条 【董事会秘书】

上市公司设董事会秘书，负责公司股东会和董事会会议的筹备、文件保管以及公司股东资料的管理，办理信息披露事务等事宜。

第一百三十九条 【关联事项的决议】

上市公司董事与董事会会议决议事项所涉及的企业或者个人有关联关系的，该董事应当及时向董事会书面报告。有关联关系的董事不得对该项决议行使表决权，也不得代理其他董事行使表决权。该董事会会议由过半数的无关联关系董事出席即可举行，董事会会议所作决议须经无关联关系董事过半数通过。出席董事会会议的无关联关系董事人数不足三人的，应当将该事项提交上市公司股东会审议。

第一百四十条 【禁止违法代持】

上市公司应当依法披露股东、实际控制人的信息，相关信息应当真实、准确、完整。

禁止违反法律、行政法规的规定代持上市公司股票。

第一百四十一条 【禁止交叉持股】

上市公司控股子公司不得取得该上市公司的股份。

上市公司控股子公司因公司合并、质权行使等原因持有上市公司股份的，不得行使所持股份对应的表决权，并应当及时处分相关上市公司股份。

第六章　股份有限公司的股份发行和转让

第一节　股份发行

第一百四十二条 【面额股和无面额股】

公司的资本划分为股份。公司的全部股份，根据公司章程的规定择一采用面额股或者无面额股。采用面额股的，每一股的金额相等。

公司可以根据公司章程的规定将已发行的面额股全部转换为无面额股或者将无面额股全部转换为面额股。

采用无面额股的，应当将发行股份所得股款的二分之一以上计入注册资本。

第一百四十三条　【股份发行的原则】

股份的发行，实行公平、公正的原则，同类别的每一股份应当具有同等权利。

同次发行的同类别股份，每股的发行条件和价格应当相同；认购人所认购的股份，每股应当支付相同价额。

第一百四十四条　【类别股】

公司可以按照公司章程的规定发行下列与普通股权利不同的类别股：

（一）优先或者劣后分配利润或者剩余财产的股份；

（二）每一股的表决权数多于或者少于普通股的股份；

（三）转让须经公司同意等转让受限的股份；

（四）国务院规定的其他类别股。

公开发行股份的公司不得发行前款第二项、第三项规定的类别股；公开发行前已发行的除外。

公司发行本条第一款第二项规定的类别股的，对于监事或者审计委员会成员的选举和更换，类别股与普通股每一股的表决权数相同。

第一百四十五条　【类别股的章程记载】

发行类别股的公司，应当在公司章程中载明以下事项：

（一）类别股分配利润或者剩余财产的顺序；

（二）类别股的表决权数；

（三）类别股的转让限制；

（四）保护中小股东权益的措施；

（五）股东会认为需要规定的其他事项。

第一百四十六条　【类别股股东会】

发行类别股的公司，有本法第一百一十六条第三款规定的事项等可能影响类别股股东权利的，除应当依照第一百一十六条第三款的规定经股东会决议外，还应当经出席类别股股东会议的股东所持表决权的三分之二以上通过。

公司章程可以对需经类别股股东会议决议的其他事项作出规定。

第一百四十七条　【记名股票】

公司的股份采取股票的形式。股票是公司签发的证明股东所持股份的凭证。

公司发行的股票，应当为记名股票。

第一百四十八条　【面额股股票的发行价格】

面额股股票的发行价格可以按票面金额，也可以超过票面金额，但不得低于票面金额。

第一百四十九条　【股票载明的事项】

股票采用纸面形式或者国务院证券监督管理机构规定的其他形式。

股票采用纸面形式的，应当载明下列主要事项：

（一）公司名称；

（二）公司成立日期或者股票发行的时间；

（三）股票种类、票面金额及代表的股份数，发行无面额股的，股票代表的股份数。

股票采用纸面形式的，还应当载明股票的编号，由法定代表人签名，公司盖章。

发起人股票采用纸面形式的，应当标明发起人股票字样。

第一百五十条　【股票交付】

股份有限公司成立后，即向股东正式交付股票。公司成立前不得向股东交付股票。

第一百五十一条　【发行新股的决议】

公司发行新股，股东会应当对下列事项作出决议：

（一）新股种类及数额；

（二）新股发行价格；

（三）新股发行的起止日期；

（四）向原有股东发行新股的种类及数额；

（五）发行无面额股的，新股发行所得股款计入注册资本的金额。

公司发行新股，可以根据公司经营情况和财务状况，确定其作价方案。

第一百五十二条　【授权发行股份】

公司章程或者股东会可以授权董事会在三年内决定发行不超过已发行股份百分之五十的股份。但以非货币财产作价出资的应当经股东会决议。

董事会依照前款规定决定发行股份导致公司注册资本、已发行股份数发生变化的，对公司章程该项记载事项的修改不需再由股东会表决。

第一百五十三条　【授权发行的董事会决议】

公司章程或者股东会授权董事会决定发行新股的，董事会决议应当经全体董事三分之二以上通过。

第一百五十四条　【招股说明书】

公司向社会公开募集股份，应当经国务院证券监督管理机构注册，公告招股说明书。

招股说明书应当附有公司章程，并载明下列事项：

（一）发行的股份总数；

（二）面额股的票面金额和发行价格或者无面额股的发行价格；

（三）募集资金的用途；

（四）认股人的权利和义务；

（五）股份种类及其权利和义务；

（六）本次募股的起止日期及逾期未募足时认股人可以撤回所认股份的说明。

公司设立时发行股份的，还应当载明发起人认购的股份数。

第一百五十五条　【证券承销】

公司向社会公开募集股份，应当由依法设立的证券公司承销，签订承销协议。

第一百五十六条　【代收股款】

公司向社会公开募集股份，应当同银行签订代收股款协议。

代收股款的银行应当按照协议代收和保存股款，向缴纳股款的认股人出具收款单据，并负有向有关部门出具收款证明的义务。

公司发行股份募足股款后，应予公告。

第二节　股份转让

第一百五十七条　【股份转让的一般规定】

股份有限公司的股东持有的股份可以向其他股东转让，也可以向股东以外的人转让；公司章程对股份转让有限制的，其转让按照公司章程的规定进行。

第一百五十八条　【股份转让的场所和方式】

股东转让其股份，应当在依法设立的证券交易场所进行或者按照国务院规定的其他方式进行。

第一百五十九条　【股票的转让】

股票的转让，由股东以背书方式或者法律、行政法规规定的其他方式进行；转让后由公司将受让人的姓名或者名称及住所记载于股东名册。

股东会会议召开前二十日内或者公司决定分配股利的基准日前五日内，不得变更股东名册。法律、行政法规或者国务院证券监督管理机构对上市公司股东名册变更另有规定的，从其规定。

第一百六十条　【股份转让限制】

公司公开发行股份前已发行的股份，自公司股票在证券交易所上市交易之日起一年内不得转让。法律、行政法规或者国务院证券监督管理机构对上市公司的股东、实际控制人转让其所持有的本公司股份另有规定的，从其规定。

公司董事、监事、高级管理人员应当向公司申报所持有的本公司的股份及其变动情况，在就任时确定的任职期间每年转让的股份不得超过其所持有本公司股份总数的百分之二十五；所持本公司股份自公司股票上市交易之日起一年内不得转让。上述人员离职后半年内，不得转让其所持有的本公司股份。公司章程可以对公司董事、监事、高级管理人员转让其所持有的本公司股份作出其他限制性规定。

股份在法律、行政法规规定的限制转让期限内出质的，质权人不得在限制转让期限内行使质权。

第一百六十一条　【异议股东股份收购请求权】

有下列情形之一的，对股东会该项决议投反对票的股东可以请求公司按照合理的价格收购其股份，公开发行股份的公司除外：

（一）公司连续五年不向股东分配利润，而公司该五年连续盈利，并且符合本法规定的分配利润条件；

（二）公司转让主要财产；

（三）公司章程规定的营业期限届满或者章程规定的其他解散事由出现，股东会通过决议修改章程使公司存续。

自股东会决议作出之日起六十日内，股东与公司不能达成股份收购协议的，股东可以自股东会决议作出之日起九十日内向人民法院提起诉讼。

公司因本条第一款规定的情形收购的本公司股份，应当在六个月内依法转让或者注销。

第一百六十二条　【股份回购】

公司不得收购本公司股份。但是，有下列情形之一的除外：

（一）减少公司注册资本；

（二）与持有本公司股份的其他公司合并；

（三）将股份用于员工持股计划或者股权激励；

（四）股东因对股东会作出的公司合并、分立决议持异议，要求公司收购其股份；

（五）将股份用于转换公司发行的可转换为股票的公司债券；

（六）上市公司为维护公司价值及股东权益所必需。

公司因前款第一项、第二项规定的情形收购本公司股份的，应当经股东会决议；公司因前款第三项、第五项、第六项规定的情形收购本公司股份的，可以按照公司章程或者股东会的授权，经三分之二以上董事出席的董事会会议决议。

公司依照本条第一款规定收购本公司股份后，属于第一项情形的，应当自收购之日起十日内注销；属于第二项、第四项情形的，应当在六个月内转让或者注销；属于第三项、第五项、第六项情形的，公司合计持有的本公司股份数不得超过本公司已发行股份总数的百分之十，并应当在三年内转让或者注销。

上市公司收购本公司股份的，应当依照《中华人民共和国证券法》的规定履行信息披露义务。上市公司因本条第一款第三项、第五项、第六项规定的情形收购本公司股份的，应当通过公开的集中交易方式进行。

公司不得接受本公司的股份作为质权的标的。

第一百六十三条　【禁止财务资助】

公司不得为他人取得本公司或者其母公司的股份提供赠与、借款、担保以及其他财务资助，公司实施员工持股计划的除外。

为公司利益，经股东会决议，或者董事会按照公司章程或者股东会的授权作出决议，公司可以为他人取得本公司或者其母公司的股份提供财务资助，但财务资助的累计总额不得超过已发行股本总额的百分之十。董事会作出决议应当经全体董事的三分之二以上通过。

违反前两款规定，给公司造成损失的，负有责任的董事、监事、高级管理人员应当承担赔偿责任。

第一百六十四条　【股票丢失的救济】

股票被盗、遗失或者灭失，股东可以依照《中华人民共和国民事诉讼法》

规定的公示催告程序，请求人民法院宣告该股票失效。人民法院宣告该股票失效后，股东可以向公司申请补发股票。

第一百六十五条　【上市公司的股票交易】

上市公司的股票，依照有关法律、行政法规及证券交易所交易规则上市交易。

第一百六十六条　【上市公司的信息披露】

上市公司应当依照法律、行政法规的规定披露相关信息。

第一百六十七条　【股东资格的继承】

自然人股东死亡后，其合法继承人可以继承股东资格；但是，股份转让受限的股份有限公司的章程另有规定的除外。

第七章　国家出资公司组织机构的特别规定

第一百六十八条　【国家出资公司的概念】

国家出资公司的组织机构，适用本章规定；本章没有规定的，适用本法其他规定。

本法所称国家出资公司，是指国家出资的国有独资公司、国有资本控股公司，包括国家出资的有限责任公司、股份有限公司。

第一百六十九条　【国家出资公司的出资人】

国家出资公司，由国务院或者地方人民政府分别代表国家依法履行出资人职责，享有出资人权益。国务院或者地方人民政府可以授权国有资产监督管理机构或者其他部门、机构代表本级人民政府对国家出资公司履行出资人职责。

代表本级人民政府履行出资人职责的机构、部门，以下统称为履行出资人职责的机构。

第一百七十条　【国家出资公司中的党组织】

国家出资公司中中国共产党的组织，按照中国共产党章程的规定发挥领导作用，研究讨论公司重大经营管理事项，支持公司的组织机构依法行使职权。

第一百七十一条　【国有独资公司章程的制定】

国有独资公司章程由履行出资人职责的机构制定。

第一百七十二条　【国有独资公司股东会职权的行使】

国有独资公司不设股东会，由履行出资人职责的机构行使股东会职权。履行出资人职责的机构可以授权公司董事会行使股东会的部分职权，但公司章程的制定和修改，公司的合并、分立、解散、申请破产，增加或者减少注册资本，分配利润，应当由履行出资人职责的机构决定。

第一百七十三条 【国有独资公司的董事会】

国有独资公司的董事会依照本法规定行使职权。

国有独资公司的董事会成员中，应当过半数为外部董事，并应当有公司职工代表。

董事会成员由履行出资人职责的机构委派；但是，董事会成员中的职工代表由公司职工代表大会选举产生。

董事会设董事长一人，可以设副董事长。董事长、副董事长由履行出资人职责的机构从董事会成员中指定。

第一百七十四条 【国有独资公司的经理】

国有独资公司的经理由董事会聘任或者解聘。

经履行出资人职责的机构同意，董事会成员可以兼任经理。

第一百七十五条 【国有独资公司董事、高级管理人员的兼职限制】

国有独资公司的董事、高级管理人员，未经履行出资人职责的机构同意，不得在其他有限责任公司、股份有限公司或者其他经济组织兼职。

第一百七十六条 【国有独资公司的审计委员会】

国有独资公司在董事会中设置由董事组成的审计委员会行使本法规定的监事会职权的，不设监事会或者监事。

第一百七十七条 【国家出资公司的合规治理】

国家出资公司应当依法建立健全内部监督管理和风险控制制度，加强内部合规管理。

第八章　公司董事、监事、高级管理人员的资格和义务

第一百七十八条 【董事、监事、高级管理人员的消极资格】

有下列情形之一的，不得担任公司的董事、监事、高级管理人员：

（一）无民事行为能力或者限制民事行为能力；

（二）因贪污、贿赂、侵占财产、挪用财产或者破坏社会主义市场经济秩序，被判处刑罚，或者因犯罪被剥夺政治权利，执行期满未逾五年，被宣告缓刑

的，自缓刑考验期满之日起未逾二年；

（三）担任破产清算的公司、企业的董事或者厂长、经理，对该公司、企业的破产负有个人责任的，自该公司、企业破产清算完结之日起未逾三年；

（四）担任因违法被吊销营业执照、责令关闭的公司、企业的法定代表人，并负有个人责任的，自该公司、企业被吊销营业执照、责令关闭之日起未逾三年；

（五）个人因所负数额较大债务到期未清偿被人民法院列为失信被执行人。

违反前款规定选举、委派董事、监事或者聘任高级管理人员的，该选举、委派或者聘任无效。

董事、监事、高级管理人员在任职期间出现本条第一款所列情形的，公司应当解除其职务。

第一百七十九条 【董事、监事、高级管理人员的合法性义务】

董事、监事、高级管理人员应当遵守法律、行政法规和公司章程。

第一百八十条 【信义义务与事实董事】

董事、监事、高级管理人员对公司负有忠实义务，应当采取措施避免自身利益与公司利益冲突，不得利用职权牟取不正当利益。

董事、监事、高级管理人员对公司负有勤勉义务，执行职务应当为公司的最大利益尽到管理者通常应有的合理注意。

公司的控股股东、实际控制人不担任公司董事但实际执行公司事务的，适用前两款规定。

第一百八十一条 【违反对公司忠实义务的行为】

董事、监事、高级管理人员不得有下列行为：

（一）侵占公司财产、挪用公司资金；

（二）将公司资金以其个人名义或者以其他个人名义开立账户存储；

（三）利用职权贿赂或者收受其他非法收入；

（四）接受他人与公司交易的佣金归为己有；

（五）擅自披露公司秘密；

（六）违反对公司忠实义务的其他行为。

第一百八十二条 【关联交易的决议程序】

董事、监事、高级管理人员，直接或者间接与本公司订立合同或者进行交易，应当就与订立合同或者进行交易有关的事项向董事会或者股东会报告，并按照公司章程的规定经董事会或者股东会决议通过。

董事、监事、高级管理人员的近亲属，董事、监事、高级管理人员或者其近亲属直接或者间接控制的企业，以及与董事、监事、高级管理人员有其他关联关系的关联人，与公司订立合同或者进行交易，适用前款规定。

第一百八十三条 【董事、监事、高级管理人员不得谋取公司机会】

董事、监事、高级管理人员，不得利用职务便利为自己或者他人谋取属于公司的商业机会。但是，有下列情形之一的除外：

（一）向董事会或者股东会报告，并按照公司章程的规定经董事会或者股东会决议通过；

（二）根据法律、行政法规或者公司章程的规定，公司不能利用该商业机会。

第一百八十四条 【董事、监事、高级管理人员的竞业禁止】

董事、监事、高级管理人员未向董事会或者股东会报告，并按照公司章程的规定经董事会或者股东会决议通过，不得自营或者为他人经营与其任职公司同类的业务。

第一百八十五条 【利益冲突事项的回避表决】

董事会对本法第一百八十二条至第一百八十四条规定的事项决议时，关联董事不得参与表决，其表决权不计入表决权总数。出席董事会会议的无关联关系董事人数不足三人的，应当将该事项提交股东会审议。

第一百八十六条 【归入权】

董事、监事、高级管理人员违反本法第一百八十一条至第一百八十四条规定所得的收入应当归公司所有。

第一百八十七条 【董事、监事、高级管理人员列席股东会会议】

股东会要求董事、监事、高级管理人员列席会议的，董事、监事、高级管理人员应当列席并接受股东的质询。

第一百八十八条 【董事、监事、高级管理人员的赔偿责任】

董事、监事、高级管理人员执行职务违反法律、行政法规或者公司章程的规定，给公司造成损失的，应当承担赔偿责任。

第一百八十九条 【股东代表诉讼】

董事、高级管理人员有前条规定的情形的，有限责任公司的股东、股份有限公司连续一百八十日以上单独或者合计持有公司百分之一以上股份的股东，可以书面请求监事会向人民法院提起诉讼；监事有前条规定的情形的，前述股东可以书面请求董事会向人民法院提起诉讼。

监事会或者董事会收到前款规定的股东书面请求后拒绝提起诉讼，或者自收到请求之日起三十日内未提起诉讼，或者情况紧急、不立即提起诉讼将会使公司利益受到难以弥补的损害的，前款规定的股东有权为公司利益以自己的名义直接向人民法院提起诉讼。

他人侵犯公司合法权益，给公司造成损失的，本条第一款规定的股东可以依照前两款的规定向人民法院提起诉讼。

公司全资子公司的董事、监事、高级管理人员有前条规定情形，或者他人侵犯公司全资子公司合法权益造成损失的，有限责任公司的股东、股份有限公司连续一百八十日以上单独或者合计持有公司百分之一以上股份的股东，可以依照前三款规定书面请求全资子公司的监事会、董事会向人民法院提起诉讼或者以自己的名义直接向人民法院提起诉讼。

第一百九十条 【股东直接诉讼】

董事、高级管理人员违反法律、行政法规或者公司章程的规定，损害股东利益的，股东可以向人民法院提起诉讼。

第一百九十一条 【董事、高级管理人员对第三人责任】

董事、高级管理人员执行职务，给他人造成损害的，公司应当承担赔偿责任；董事、高级管理人员存在故意或者重大过失的，也应当承担赔偿责任。

第一百九十二条 【影子董事与影子高管】

公司的控股股东、实际控制人指示董事、高级管理人员从事损害公司或者股东利益的行为的，与该董事、高级管理人员承担连带责任。

第一百九十三条 【董事责任保险】

公司可以在董事任职期间为董事因执行公司职务承担的赔偿责任投保责任保险。

公司为董事投保责任保险或者续保后，董事会应当向股东会报告责任保险的投保金额、承保范围及保险费率等内容。

第九章　公司债券

第一百九十四条 【公司债券的定义】

本法所称公司债券，是指公司发行的约定按期还本付息的有价证券。

公司债券可以公开发行，也可以非公开发行。

公司债券的发行和交易应当符合《中华人民共和国证券法》等法律、行政法规的规定。

第一百九十五条　【公司债券募集办法】

公开发行公司债券，应当经国务院证券监督管理机构注册，公告公司债券募集办法。

公司债券募集办法应当载明下列主要事项：

（一）公司名称；

（二）债券募集资金的用途；

（三）债券总额和债券的票面金额；

（四）债券利率的确定方式；

（五）还本付息的期限和方式；

（六）债券担保情况；

（七）债券的发行价格、发行的起止日期；

（八）公司净资产额；

（九）已发行的尚未到期的公司债券总额；

（十）公司债券的承销机构。

第一百九十六条　【公司债券的票面记载事项】

公司以纸面形式发行公司债券的，应当在债券上载明公司名称、债券票面金额、利率、偿还期限等事项，并由法定代表人签名，公司盖章。

第一百九十七条　【记名债券】

公司债券应当为记名债券。

第一百九十八条　【公司债券持有人名册】

公司发行公司债券应当置备公司债券持有人名册。

发行公司债券的，应当在公司债券持有人名册上载明下列事项：

（一）债券持有人的姓名或者名称及住所；

（二）债券持有人取得债券的日期及债券的编号；

（三）债券总额，债券的票面金额、利率、还本付息的期限和方式；

（四）债券的发行日期。

第一百九十九条　【公司债券的登记结算】

公司债券的登记结算机构应当建立债券登记、存管、付息、兑付等相关制度。

第二百条　【公司债券转让】

公司债券可以转让，转让价格由转让人与受让人约定。

公司债券的转让应当符合法律、行政法规的规定。

第二百零一条　【公司债券的转让方式】

公司债券由债券持有人以背书方式或者法律、行政法规规定的其他方式转让；转让后由公司将受让人的姓名或者名称及住所记载于公司债券持有人名册。

第二百零二条　【可转换公司债券的发行】

股份有限公司经股东会决议，或者经公司章程、股东会授权由董事会决议，可以发行可转换为股票的公司债券，并规定具体的转换办法。上市公司发行可转换为股票的公司债券，应当经国务院证券监督管理机构注册。

发行可转换为股票的公司债券，应当在债券上标明可转换公司债券字样，并在公司债券持有人名册上载明可转换公司债券的数额。

第二百零三条　【可转换公司债券的转换】

发行可转换为股票的公司债券的，公司应当按照其转换办法向债券持有人换发股票，但债券持有人对转换股票或者不转换股票有选择权。法律、行政法规另有规定的除外。

第二百零四条　【债券持有人会议】

公开发行公司债券的，应当为同期债券持有人设立债券持有人会议，并在债券募集办法中对债券持有人会议的召集程序、会议规则和其他重要事项作出规定。债券持有人会议可以对与债券持有人有利害关系的事项作出决议。

除公司债券募集办法另有约定外，债券持有人会议决议对同期全体债券持有人发生效力。

第二百零五条　【债券受托管理人】

公开发行公司债券的，发行人应当为债券持有人聘请债券受托管理人，由其为债券持有人办理受领清偿、债权保全、与债券相关的诉讼以及参与债务人破产程序等事项。

第二百零六条　【债券受托管理人的义务和责任】

债券受托管理人应当勤勉尽责，公正履行受托管理职责，不得损害债券持有人利益。

受托管理人与债券持有人存在利益冲突可能损害债券持有人利益的，债券持有人会议可以决议变更债券受托管理人。

债券受托管理人违反法律、行政法规或者债券持有人会议决议，损害债券持有人利益的，应当承担赔偿责任。

第十章　公司财务、会计

第二百零七条　【公司财务、会计制度】

公司应当依照法律、行政法规和国务院财政部门的规定建立本公司的财务、会计制度。

第二百零八条　【财务会计报告】

公司应当在每一会计年度终了时编制财务会计报告，并依法经会计师事务所审计。

财务会计报告应当依照法律、行政法规和国务院财政部门的规定制作。

第二百零九条　【财务会计报告的公示】

有限责任公司应当按照公司章程规定的期限将财务会计报告送交各股东。

股份有限公司的财务会计报告应当在召开股东会年会的二十日前置备于本公司，供股东查阅；公开发行股份的股份有限公司应当公告其财务会计报告。

第二百一十条　【公积金提取与利润分配】

公司分配当年税后利润时，应当提取利润的百分之十列入公司法定公积金。公司法定公积金累计额为公司注册资本的百分之五十以上的，可以不再提取。

公司的法定公积金不足以弥补以前年度亏损的，在依照前款规定提取法定公积金之前，应当先用当年利润弥补亏损。

公司从税后利润中提取法定公积金后，经股东会决议，还可以从税后利润中提取任意公积金。

公司弥补亏损和提取公积金后所余税后利润，有限责任公司按照股东实缴的出资比例分配利润，全体股东约定不按照出资比例分配利润的除外；股份有限公司按照股东所持有的股份比例分配利润，公司章程另有规定的除外。

公司持有的本公司股份不得分配利润。

第二百一十一条　【违法利润分配的法律后果】

公司违反本法规定向股东分配利润的，股东应当将违反规定分配的利润退还公司；给公司造成损失的，股东及负有责任的董事、监事、高级管理人员应当承担赔偿责任。

第二百一十二条　【利润分配的时限】

股东会作出分配利润的决议的，董事会应当在股东会决议作出之日起六个月内进行分配。

第二百一十三条　【资本公积金】

公司以超过股票票面金额的发行价格发行股份所得的溢价款、发行无面额股所得股款未计入注册资本的金额以及国务院财政部门规定列入资本公积金的其他项目，应当列为公司资本公积金。

第二百一十四条　【公积金的用途】

公司的公积金用于弥补公司的亏损、扩大公司生产经营或者转为增加公司注册资本。

公积金弥补公司亏损，应当先使用任意公积金和法定公积金；仍不能弥补的，可以按照规定使用资本公积金。

法定公积金转为增加注册资本时，所留存的该项公积金不得少于转增前公司注册资本的百分之二十五。

第二百一十五条　【聘用、解聘会计师事务所】

公司聘用、解聘承办公司审计业务的会计师事务所，按照公司章程的规定，由股东会、董事会或者监事会决定。

公司股东会、董事会或者监事会就解聘会计师事务所进行表决时，应当允许会计师事务所陈述意见。

第二百一十六条　【提供真实会计资料】

公司应当向聘用的会计师事务所提供真实、完整的会计凭证、会计账簿、财务会计报告及其他会计资料，不得拒绝、隐匿、谎报。

第二百一十七条　【会计账簿和开立账户的禁止行为】

公司除法定的会计账簿外，不得另立会计账簿。

对公司资金，不得以任何个人名义开立账户存储。

第十一章　公司合并、分立、增资、减资

第二百一十八条　【公司合并方式】

公司合并可以采取吸收合并或者新设合并。

一个公司吸收其他公司为吸收合并，被吸收的公司解散。两个以上公司合并设立一个新的公司为新设合并，合并各方解散。

第二百一十九条　【简易合并】

公司与其持股百分之九十以上的公司合并，被合并的公司不需经股东会决议，但应当通知其他股东，其他股东有权请求公司按照合理的价格收购其股权或者股份。

公司合并支付的价款不超过本公司净资产百分之十的，可以不经股东会决议；但是，公司章程另有规定的除外。

公司依照前两款规定合并不经股东会决议的，应当经董事会决议。

第二百二十条　【公司合并的程序】

公司合并，应当由合并各方签订合并协议，并编制资产负债表及财产清单。公司应当自作出合并决议之日起十日内通知债权人，并于三十日内在报纸上或者国家企业信用信息公示系统公告。债权人自接到通知之日起三十日内，未接到通知的自公告之日起四十五日内，可以要求公司清偿债务或者提供相应的担保。

第二百二十一条　【公司合并时债权债务的承继】

公司合并时，合并各方的债权、债务，应当由合并后存续的公司或者新设的公司承继。

第二百二十二条　【公司分立】

公司分立，其财产作相应的分割。

公司分立，应当编制资产负债表及财产清单。公司应当自作出分立决议之日起十日内通知债权人，并于三十日内在报纸上或者国家企业信用信息公示系统公告。

第二百二十三条　【公司分立前的债务承担】

公司分立前的债务由分立后的公司承担连带责任。但是，公司在分立前与债权人就债务清偿达成的书面协议另有约定的除外。

第二百二十四条　【公司减资】

公司减少注册资本，应当编制资产负债表及财产清单。

公司应当自股东会作出减少注册资本决议之日起十日内通知债权人，并于三十日内在报纸上或者国家企业信用信息公示系统公告。债权人自接到通知之日起三十日内，未接到通知的自公告之日起四十五日内，有权要求公司清偿债务或者提供相应的担保。

公司减少注册资本，应当按照股东出资或者持有股份的比例相应减少出资额或者股份，法律另有规定、有限责任公司全体股东另有约定或者股份有限公司章程另有规定的除外。

第二百二十五条　【简易减资】

公司依照本法第二百一十四条第二款的规定弥补亏损后，仍有亏损的，可以减少注册资本弥补亏损。减少注册资本弥补亏损的，公司不得向股东分配，也不得免除股东缴纳出资或者股款的义务。

依照前款规定减少注册资本的，不适用前条第二款的规定，但应当自股东会作出减少注册资本决议之日起三十日内在报纸上或者国家企业信用信息公示系统公告。

公司依照前两款的规定减少注册资本后，在法定公积金和任意公积金累计额达到公司注册资本百分之五十前，不得分配利润。

第二百二十六条　【违法减资的法律后果】

违反本法规定减少注册资本的，股东应当退还其收到的资金，减免股东出资的应当恢复原状；给公司造成损失的，股东及负有责任的董事、监事、高级管理人员应当承担赔偿责任。

第二百二十七条　【优先认购权】

有限责任公司增加注册资本时，股东在同等条件下有权优先按照实缴的出资比例认缴出资。但是，全体股东约定不按照出资比例优先认缴出资的除外。

股份有限公司为增加注册资本发行新股时，股东不享有优先认购权，公司章程另有规定或者股东会决议决定股东享有优先认购权的除外。

第二百二十八条　【公司增资时的出资缴纳】

有限责任公司增加注册资本时，股东认缴新增资本的出资，依照本法设立有限责任公司缴纳出资的有关规定执行。

股份有限公司为增加注册资本发行新股时，股东认购新股，依照本法设立股份有限公司缴纳股款的有关规定执行。

第十二章　公司解散和清算

第二百二十九条　【公司解散事由】

公司因下列原因解散：

（一）公司章程规定的营业期限届满或者公司章程规定的其他解散事由出现；

（二）股东会决议解散；

（三）因公司合并或者分立需要解散；

（四）依法被吊销营业执照、责令关闭或者被撤销；

（五）人民法院依照本法第二百三十一条的规定予以解散。

公司出现前款规定的解散事由，应当在十日内将解散事由通过国家企业信用信息公示系统予以公示。

第二百三十条 【特定解散情形下的公司存续】

公司有前条第一款第一项、第二项情形，且尚未向股东分配财产的，可以通过修改公司章程或者经股东会决议而存续。

依照前款规定修改公司章程或者经股东会决议，有限责任公司须经持有三分之二以上表决权的股东通过，股份有限公司须经出席股东会会议的股东所持表决权的三分之二以上通过。

第二百三十一条 【司法强制解散公司】

公司经营管理发生严重困难，继续存续会使股东利益受到重大损失，通过其他途径不能解决的，持有公司百分之十以上表决权的股东，可以请求人民法院解散公司。

第二百三十二条 【清算义务人和清算组】

公司因本法第二百二十九条第一款第一项、第二项、第四项、第五项规定而解散的，应当清算。董事为公司清算义务人，应当在解散事由出现之日起十五日内组成清算组进行清算。

清算组由董事组成，但是公司章程另有规定或者股东会决议另选他人的除外。

清算义务人未及时履行清算义务，给公司或者债权人造成损失的，应当承担赔偿责任。

第二百三十三条 【强制清算】

公司依照前条第一款的规定应当清算，逾期不成立清算组进行清算或者成立清算组后不清算的，利害关系人可以申请人民法院指定有关人员组成清算组进行清算。人民法院应当受理该申请，并及时组织清算组进行清算。

公司因本法第二百二十九条第一款第四项的规定而解散的，作出吊销营业执照、责令关闭或者撤销决定的部门或者公司登记机关，可以申请人民法院指定有关人员组成清算组进行清算。

第二百三十四条　【清算组的职权】

清算组在清算期间行使下列职权：

（一）清理公司财产，分别编制资产负债表和财产清单；

（二）通知、公告债权人；

（三）处理与清算有关的公司未了结的业务；

（四）清缴所欠税款以及清算过程中产生的税款；

（五）清理债权、债务；

（六）分配公司清偿债务后的剩余财产；

（七）代表公司参与民事诉讼活动。

第二百三十五条　【债权人申报债权】

清算组应当自成立之日起十日内通知债权人，并于六十日内在报纸上或者国家企业信用信息公示系统公告。债权人应当自接到通知之日起三十日内，未接到通知的自公告之日起四十五日内，向清算组申报其债权。

债权人申报债权，应当说明债权的有关事项，并提供证明材料。清算组应当对债权进行登记。

在申报债权期间，清算组不得对债权人进行清偿。

第二百三十六条　【清算程序】

清算组在清理公司财产、编制资产负债表和财产清单后，应当制订清算方案，并报股东会或者人民法院确认。

公司财产在分别支付清算费用、职工的工资、社会保险费用和法定补偿金，缴纳所欠税款，清偿公司债务后的剩余财产，有限责任公司按照股东的出资比例分配，股份有限公司按照股东持有的股份比例分配。

清算期间，公司存续，但不得开展与清算无关的经营活动。公司财产在未依照前款规定清偿前，不得分配给股东。

第二百三十七条　【破产申请】

清算组在清理公司财产、编制资产负债表和财产清单后，发现公司财产不足清偿债务的，应当依法向人民法院申请破产清算。

人民法院受理破产申请后，清算组应当将清算事务移交给人民法院指定的破产管理人。

第二百三十八条　【清算组成员的义务与责任】

清算组成员履行清算职责，负有忠实义务和勤勉义务。

清算组成员怠于履行清算职责，给公司造成损失的，应当承担赔偿责任；因故意或者重大过失给债权人造成损失的，应当承担赔偿责任。

第二百三十九条　【清算结束后程序】

公司清算结束后，清算组应当制作清算报告，报股东会或者人民法院确认，并报送公司登记机关，申请注销公司登记。

第二百四十条　【简易注销】

公司在存续期间未产生债务，或者已清偿全部债务的，经全体股东承诺，可以按照规定通过简易程序注销公司登记。

通过简易程序注销公司登记，应当通过国家企业信用信息公示系统予以公告，公告期限不少于二十日。公告期限届满后，未有异议的，公司可以在二十日内向公司登记机关申请注销公司登记。

公司通过简易程序注销公司登记，股东对本条第一款规定的内容承诺不实的，应当对注销登记前的债务承担连带责任。

第二百四十一条　【强制注销】

公司被吊销营业执照、责令关闭或者被撤销，满三年未向公司登记机关申请注销公司登记的，公司登记机关可以通过国家企业信用信息公示系统予以公告，公告期限不少于六十日。公告期限届满后，未有异议的，公司登记机关可以注销公司登记。

依照前款规定注销公司登记的，原公司股东、清算义务人的责任不受影响。

第二百四十二条　【破产清算】

公司被依法宣告破产的，依照有关企业破产的法律实施破产清算。

第十三章　外国公司的分支机构

第二百四十三条　【外国公司的概念】

本法所称外国公司，是指依照外国法律在中华人民共和国境外设立的公司。

第二百四十四条　【外国公司分支机构的设立程序】

外国公司在中华人民共和国境内设立分支机构，应当向中国主管机关提出申请，并提交其公司章程、所属国的公司登记证书等有关文件，经批准后，向公司登记机关依法办理登记，领取营业执照。

外国公司分支机构的审批办法由国务院另行规定。

第二百四十五条 【外国公司分支机构的设立条件】

外国公司在中华人民共和国境内设立分支机构，应当在中华人民共和国境内指定负责该分支机构的代表人或者代理人，并向该分支机构拨付与其所从事的经营活动相适应的资金。

对外国公司分支机构的经营资金需要规定最低限额的，由国务院另行规定。

第二百四十六条 【外国公司分支机构的名称】

外国公司的分支机构应当在其名称中标明该外国公司的国籍及责任形式。

外国公司的分支机构应当在本机构中置备该外国公司章程。

第二百四十七条 【外国公司分支机构的法律地位】

外国公司在中华人民共和国境内设立的分支机构不具有中国法人资格。

外国公司对其分支机构在中华人民共和国境内进行经营活动承担民事责任。

第二百四十八条 【外国公司分支机构的活动原则】

经批准设立的外国公司分支机构，在中华人民共和国境内从事业务活动，应当遵守中国的法律，不得损害中国的社会公共利益，其合法权益受中国法律保护。

第二百四十九条 【外国公司分支机构的撤销与清算】

外国公司撤销其在中华人民共和国境内的分支机构时，应当依法清偿债务，依照本法有关公司清算程序的规定进行清算。未清偿债务之前，不得将其分支机构的财产转移至中华人民共和国境外。

第十四章　法律责任

第二百五十条 【欺诈登记的法律责任】

违反本法规定，虚报注册资本、提交虚假材料或者采取其他欺诈手段隐瞒重要事实取得公司登记的，由公司登记机关责令改正，对虚报注册资本的公司，处以虚报注册资本金额百分之五以上百分之十五以下的罚款；对提交虚假材料或者采取其他欺诈手段隐瞒重要事实的公司，处以五万元以上二百万元以下的罚款；情节严重的，吊销营业执照；对直接负责的主管人员和其他直接责任人员处以三万元以上三十万元以下的罚款。

第二百五十一条 【未依法公示信息的法律责任】

公司未依照本法第四十条规定公示有关信息或者不如实公示有关信息的，由公司登记机关责令改正，可以处以一万元以上五万元以下的罚款。情节严重的，处以五万元以上二十万元以下的罚款；对直接负责的主管人员和其他直接责任人员处以一万元以上十万元以下的罚款。

第二百五十二条 【虚假出资的法律责任】

公司的发起人、股东虚假出资，未交付或者未按期交付作为出资的货币或者非货币财产的，由公司登记机关责令改正，可以处以五万元以上二十万元以下的罚款；情节严重的，处以虚假出资或者未出资金额百分之五以上百分之十五以下的罚款；对直接负责的主管人员和其他直接责任人员处以一万元以上十万元以下的罚款。

第二百五十三条 【抽逃出资的法律责任】

公司的发起人、股东在公司成立后，抽逃其出资的，由公司登记机关责令改正，处以所抽逃出资金额百分之五以上百分之十五以下的罚款；对直接负责的主管人员和其他直接责任人员处以三万元以上三十万元以下的罚款。

第二百五十四条 【违法会计行为的法律责任】

有下列行为之一的，由县级以上人民政府财政部门依照《中华人民共和国会计法》等法律、行政法规的规定处罚：

（一）在法定的会计账簿以外另立会计账簿；

（二）提供存在虚假记载或者隐瞒重要事实的财务会计报告。

第二百五十五条 【不按规定通知债权人的法律责任】

公司在合并、分立、减少注册资本或者进行清算时，不依照本法规定通知或者公告债权人的，由公司登记机关责令改正，对公司处以一万元以上十万元以下的罚款。

第二百五十六条 【违法清算的法律责任】

公司在进行清算时，隐匿财产，对资产负债表或者财产清单作虚假记载，或者在未清偿债务前分配公司财产的，由公司登记机关责令改正，对公司处以隐匿财产或者未清偿债务前分配公司财产金额百分之五以上百分之十以下的罚款；对直接负责的主管人员和其他直接责任人员处以一万元以上十万元以下的罚款。

第二百五十七条 【资产评估、验资或者验证机构违法的法律责任】

承担资产评估、验资或者验证的机构提供虚假材料或者提供有重大遗漏的报告的，由有关部门依照《中华人民共和国资产评估法》、《中华人民共和国注册会计师法》等法律、行政法规的规定处罚。

承担资产评估、验资或者验证的机构因其出具的评估结果、验资或者验证证明不实，给公司债权人造成损失的，除能够证明自己没有过错的外，在其评估或者证明不实的金额范围内承担赔偿责任。

第二百五十八条　【公司登记机关违法的法律责任】

公司登记机关违反法律、行政法规规定未履行职责或者履行职责不当的，对负有责任的领导人员和直接责任人员依法给予政务处分。

第二百五十九条　【冒用公司名义的法律责任】

未依法登记为有限责任公司或者股份有限公司，而冒用有限责任公司或者股份有限公司名义的，或者未依法登记为有限责任公司或者股份有限公司的分公司，而冒用有限责任公司或者股份有限公司的分公司名义的，由公司登记机关责令改正或者予以取缔，可以并处十万元以下的罚款。

第二百六十条　【逾期开业、停业、不依法办理变更登记的法律责任】

公司成立后无正当理由超过六个月未开业的，或者开业后自行停业连续六个月以上的，公司登记机关可以吊销营业执照，但公司依法办理歇业的除外。

公司登记事项发生变更时，未依照本法规定办理有关变更登记的，由公司登记机关责令限期登记；逾期不登记的，处以一万元以上十万元以下的罚款。

第二百六十一条　【外国公司擅自设立分支机构的法律责任】

外国公司违反本法规定，擅自在中华人民共和国境内设立分支机构的，由公司登记机关责令改正或者关闭，可以并处五万元以上二十万元以下的罚款。

第二百六十二条　【利用公司名义从事严重违法行为的法律责任】

利用公司名义从事危害国家安全、社会公共利益的严重违法行为的，吊销营业执照。

第二百六十三条　【民事赔偿优先】

公司违反本法规定，应当承担民事赔偿责任和缴纳罚款、罚金的，其财产不足以支付时，先承担民事赔偿责任。

第二百六十四条　【刑事责任】

违反本法规定，构成犯罪的，依法追究刑事责任。

第十五章　附　　则

第二百六十五条　【本法相关用语的含义】

本法下列用语的含义：

（一）高级管理人员，是指公司的经理、副经理、财务负责人，上市公司董事会秘书和公司章程规定的其他人员。

（二）控股股东，是指其出资额占有限责任公司资本总额超过百分之五十或者其持有的股份占股份有限公司股本总额超过百分之五十的股东；出资额或者持有股份的比例虽然低于百分之五十，但依其出资额或者持有的股份所享有的表决权已足以对股东会的决议产生重大影响的股东。

（三）实际控制人，是指通过投资关系、协议或者其他安排，能够实际支配公司行为的人。

（四）关联关系，是指公司控股股东、实际控制人、董事、监事、高级管理人员与其直接或者间接控制的企业之间的关系，以及可能导致公司利益转移的其他关系。但是，国家控股的企业之间不仅因为同受国家控股而具有关联关系。

第二百六十六条　【施行日期与过渡安排】

本法自 2024 年 7 月 1 日起施行。

本法施行前已登记设立的公司，出资期限超过本法规定的期限的，除法律、行政法规或者国务院另有规定外，应当逐步调整至本法规定的期限以内；对于出资期限、出资额明显异常的，公司登记机关可以依法要求其及时调整。具体实施办法由国务院规定。

2023 年《公司法》修订对照表及修订要点

（蓝字部分为增加或修改的内容，阴影删除线部分为删除的内容，加下划线为移动的内容）

2018 年《公司法》	2023 年《公司法》	修订要点
目　录 第一章　总则 第二章　有限责任公司的设立和组织机构 第一节　设立 第二节　组织机构 ~~第三节　一人有限责任公司的特别规定~~ 第四节　国有独资公司的特别规定 第三章　有限责任公司的股权转让 第四章　股份有限公司的设立和组织机构 第一节　设立 第二节　股东大会 第三节　董事会、经理	目　录 第一章　总则 第二章　公司登记 第三章　有限责任公司的设立和组织机构 第一节　设立 第二节　组织机构 第四章　有限责任公司的股权转让 第五章　股份有限公司的设立和组织机构 第一节　设立 第二节　股东会 第三节　董事会、经理 第四节　监事会 第五节　上市公司组织机构的特别规定	新增“公司登记”“国家出资公司组织机构的特别规定”两章。删除“一人有限责任公司的特别规定”专节规定。

续表

2018 年《公司法》	2023 年《公司法》	修订要点
第四节　监事会 第五节　上市公司组织机构的特别规定 第五章　股份有限公司的股份发行和转让 第一节　股份发行 第二节　股份转让 第六章　公司董事、监事、高级管理人员的资格和义务 第七章　公司债券 第八章　公司财务、会计 第九章　公司合并、分立、增资、减资 第十章　公司解散和清算 第十一章　外国公司的分支机构 第十二章　法律责任 第十三章　附则	第六章　股份有限公司的股份发行和转让 第一节　股份发行 第二节　股份转让 **第七章　国家出资公司组织机构的特别规定** 第八章　公司董事、监事、高级管理人员的资格和义务 第九章　公司债券 第十章　公司财务、会计 第十一章　公司合并、分立、增资、减资 第十二章　公司解散和清算 第十三章　外国公司的分支机构 第十四章　法律责任 第十五章　附则	
第一章　总则	**第一章　总则**	
第一条　为了规范公司的组织和行为，保护公司、股东和债权人的合法权益，维护社会	**第一条**　为了规范公司的组织和行为，保护公司、股东、**职工**和债权人的合法权益，**完善中国特色**	新增“公司法应保护职工权益”的要求；新增“完善中国特色现代企业制度，弘

续表

2018 年《公司法》	2023 年《公司法》	修订要点
经济秩序，促进社会主义市场经济的发展，制定本法。	现代企业制度，弘扬企业家精神，维护社会经济秩序，促进社会主义市场经济的发展，根据宪法，制定本法。	扬企业家精神”为公司法的立法宗旨；明确宪法系公司法的立法依据。
第二条　本法所称公司是指依照本法在中国境内设立的有限责任公司和股份有限公司。	**第二条**　本法所称公司，是指依照本法在中华人民共和国境内设立的有限责任公司和股份有限公司。	
第三条第一款　公司是企业法人，有独立的法人财产，享有法人财产权。公司以其全部财产对公司的债务承担责任。 **第五条第二款**　公司的合法权益受法律保护，不受侵犯。	**第三条**　公司是企业法人，有独立的法人财产，享有法人财产权。公司以其全部财产对公司的债务承担责任。 公司的合法权益受法律保护，不受侵犯。	
第三条第二款　有限责任公司的股东以其认缴的出资额为限对公司承担责任；股份有限公司的股东以其认购的股份为限对公司承担责任。	**第四条**　有限责任公司的股东以其认缴的出资额为限对公司承担责任；股份有限公司的股东以其认购的股份为限对公司承担责任。 公司股东对公司依法享	

续表

2018 年《公司法》	2023 年《公司法》	修订要点
第四条 公司股东依法享有资产收益、参与重大决策和选择管理者等权利。	有资产收益、参与重大决策和选择管理者等权利。	
第十一条 设立公司必须依法制定公司章程。公司章程对公司、股东、董事、监事、高级管理人员具有约束力。	**第五条** 设立公司应当依法制定公司章程。公司章程对公司、股东、董事、监事、高级管理人员具有约束力。	
	第六条 公司应当有自己的名称。公司名称应当符合国家有关规定。 **公司的名称权受法律保护。**	本条新增公司名称权的规定，衔接《民法典》第 110 条第 2 款与《企业名称登记管理规定》等相关法律法规的规定。
第八条 依照本法设立的有限责任公司，必须在公司名称中标明有限责任公司或者有限公司字样。 依照本法设立的股份有限公司，必须在公司名称中标明股份有限公司或者股份公司字样。	**第七条** 依照本法设立的有限责任公司，应当在公司名称中标明有限责任公司或者有限公司字样。 依照本法设立的股份有限公司，应当在公司名称中标明股份有限公司或者股份公司字样。	

续表

2018 年《公司法》	2023 年《公司法》	修订要点
第十条 公司以其主要办事机构所在地为住所。	**第八条** 公司以其主要办事机构所在地为住所。	
第十二条 公司的经营范围由公司章程规定，并依法登记。公司可以修改公司章程，改变经营范围，但是应当办理变更登记。 公司的经营范围中属于法律、行政法规规定须经批准的项目，应当依法经过批准。	**第九条** 公司的经营范围由公司章程规定。公司可以修改公司章程，变更经营范围。 公司的经营范围中属于法律、行政法规规定须经批准的项目，应当依法经过批准。	
第十三条 公司法定代表人依照公司章程的规定，由董事长、执行董事或者经理担任，并依法登记。公司法定代表人变更，应当办理变更登记。	**第十条** 公司的法定代表人按照公司章程的规定，由代表公司执行公司事务的董事或者经理担任。 **担任法定代表人的董事或者经理辞任的，视为同时辞去法定代表人。** **法定代表人辞任的，公司应当在法定代表人辞任之日起三十日内确定新的法定代表人。**	本条第 1 款扩大了公司法定代表人的选任范围，即代表公司执行公司事务的董事或者经理均可担任，不再限于董事长（不设董事会的执行董事）或者经理； 第 2 款规定了董事或者经理担任法定代表人情况下的同时辞任规则； 第 3 款基于委任关

续表

2018 年《公司法》	2023 年《公司法》	修订要点
		系，明确了法定代表人可以辞任，及辞任后由公司补任的强制规则，实质上允许法定代表人的短暂空缺。
	第十一条　法定代表人以公司名义从事的民事活动，其法律后果由公司承受。 **公司章程或者股东会对法定代表人职权的限制，不得对抗善意相对人。** **法定代表人因执行职务造成他人损害的，由公司承担民事责任。公司承担民事责任后，依照法律或者公司章程的规定，可以向有过错的法定代表人追偿。**	本条第 1 款明确了法定代表人代表行为的法律后果由公司承受； 第 2 款明确了公司章程或者股东会决议限制法定代表人职权的外部效力，即不得对抗善意相对人； 第 3 款明确了法定代表人职务侵权行为的民事责任承担规则。
第九条　有限责任公司变更为股份有限公司，应当符合本法规定的股份有限公司的条件。股份有限公司变更为有限责任公司，应当符合本法规定的有限责任公司的条件。 有限责任公司变更	**第十二条**　有限责任公司变更为股份有限公司，应当符合本法规定的股份有限公司的条件。股份有限公司变更为有限责任公司，应当符合本法规定的有限责任公司的条件。 有限责任公司变更为股份有限公司的，或者股份	

续表

2018 年《公司法》	2023 年《公司法》	修订要点
为股份有限公司的，或者股份有限公司变更为有限责任公司的，公司变更前的债权、债务由变更后的公司承继。	有限公司变更为有限责任公司的，公司变更前的债权、债务由变更后的公司承继。	
第十四条 公司可以设立分公司。设立分公司，应当向公司登记机关申请登记，领取营业执照。分公司不具有法人资格，其民事责任由公司承担。 公司可以设立子公司，子公司具有法人资格，依法独立承担民事责任。	**第十三条** 公司可以设立子公司。子公司具有法人资格，依法独立承担民事责任。 公司可以设立分公司。分公司不具有法人资格，其民事责任由公司承担。	本条调整了公司可设立子公司与分公司的条款顺序。
第十五条 公司可以向其他企业投资；但是，除法律另有规定外，不得成为对所投资企业的债务承担连带责任的出资人。	**第十四条** 公司可以向其他企业投资。 法律规定公司不得成为对所投资企业的债务承担连带责任的出资人的，从其规定。	本条调整了公司进行连带责任投资的表述方式，从“原则禁止，例外允许”修改为“原则允许，例外禁止”。
第十六条 公司向其他企业投资或者为他人提供担保，依照公司章程的规定，由董事会	**第十五条** 公司向其他企业投资或者为他人提供担保，按照公司章程的规定，由董事会或者股东	本条未作实质修改。 本条适用需要结合《最高人民法院关于适用〈中华人民共

续表

2018 年《公司法》	2023 年《公司法》	修订要点
或者股东会、股东大会决议；公司章程对投资或者担保的总额及单项投资或者担保的数额有限额规定的，不得超过规定的限额。 公司为公司股东或者实际控制人提供担保的，必须经股东会或者股东大会决议。 前款规定的股东或者受前款规定的实际控制人支配的股东，不得参加前款规定事项的表决。该项表决由出席会议的其他股东所持表决权的过半数通过。	会决议；公司章程对投资或者担保的总额及单项投资或者担保的数额有限额规定的，不得超过规定的限额。 公司为公司股东或者实际控制人提供担保的，应当经股东会决议。 前款规定的股东或者受前款规定的实际控制人支配的股东，不得参加前款规定事项的表决。该项表决由出席会议的其他股东所持表决权的过半数通过。	和国〉有关担保制度的解释》第 7 条至第 12 条，《最高人民法院关于适用〈中华人民共和国民法典〉合同编通则若干问题的解释》第 20 条至第 23 条的具体规定。
第十七条 公司必须保护职工的合法权益，依法与职工签订劳动合同，参加社会保险，加强劳动保护，实现安全生产。 公司应当采用多种形式，加强公司职工的职业教育和岗位培训，提高职工素质。	**第十六条** 公司应当保护职工的合法权益，依法与职工签订劳动合同，参加社会保险，加强劳动保护，实现安全生产。 公司应当采用多种形式，加强公司职工的职业教育和岗位培训，提高职工素质。	

续表

2018 年《公司法》	2023 年《公司法》	修订要点
第十八条 公司职工依照《中华人民共和国工会法》组织工会，开展工会活动，维护职工合法权益。公司应当为本公司工会提供必要的活动条件。公司工会代表职工就职工的劳动报酬、工作时间、~~福利、保险~~和劳动安全卫生等事项依法与公司签订集体合同。 公司依照宪法和有关法律的规定，通过职工代表大会或者其他形式，实行民主管理。 公司研究决定改制以及经营方面的重大问题、制定重要的规章制度时，应当听取公司工会的意见，并通过职工代表大会或者其他形式听取职工的意见和建议。	**第十七条** 公司职工依照《中华人民共和国工会法》组织工会，开展工会活动，维护职工合法权益。公司应当为本公司工会提供必要的活动条件。公司工会代表职工就职工的劳动报酬、工作时间、休息休假、劳动安全卫生和保险福利等事项依法与公司签订集体合同。 公司依照宪法和有关法律的规定，建立健全以职工代表大会为基本形式的民主管理制度，通过职工代表大会或者其他形式，实行民主管理。 公司研究决定改制、解散、申请破产以及经营方面的重大问题、制定重要的规章制度时，应当听取公司工会的意见，并通过职工代表大会或者其他形式听取职工的意见和建议。	本条明确“建立健全职工代表大会为基本形式的民主管理制度”； 新增“解散、申请破产”为公司应听取公司工会、职工意见和建议的法定事项。

续表

2018 年《公司法》	2023 年《公司法》	修订要点
第十九条 在公司中，根据中国共产党章程的规定，设立中国共产党的组织，开展党的活动。公司应当为党组织的活动提供必要条件。	**第十八条** 在公司中，根据中国共产党章程的规定，设立中国共产党的组织，开展党的活动。公司应当为党组织的活动提供必要条件。	
第五条第一款 公司从事经营活动，~~必须~~遵守法律~~、行政~~法规，遵守社会公德、商业道德，诚实守信，接受政府和社会公众的监督~~，~~承担社会责任。	**第十九条** 公司从事经营活动，**应当**遵守法律法规，遵守社会公德、商业道德，诚实守信，接受政府和社会公众的监督。 **第二十条** **公司从事经营活动，应当充分考虑公司职工、消费者等利益相关者的利益以及生态环境保护等社会公共利益，**承担社会责任。 **国家鼓励公司参与社会公益活动，公布社会责任报告。**	第 20 条第 1 款新增公司应“充分考虑公司职工、消费者等利益相关者的利益以及生态环境保护等社会公共利益”，充实企业社会责任的具体内容； 第 20 条第 2 款新增公司公布社会责任报告的倡导性规定。
第二十条 公司股东应当遵守法律、行政法规和公司章程，依法行使股东权利，不得滥	**第二十一条** 公司股东应当遵守法律、行政法规和公司章程，依法行使股东权利，不得滥用股东权	除第 21 条外，本法第 89 条新增“其他股东”的救济措施，即控股股东滥用权利时，

续表

2018 年《公司法》	2023 年《公司法》	修订要点
用股东权利损害公司或者其他股东的利益~~；不得滥用公司法人独立地位和股东有限责任损害公司债权人的利益~~。 公司股东滥用股东权利给公司或者其他股东造成损失的，应当~~依法~~承担赔偿责任。 公司股东滥用公司法人独立地位和股东有限责任，逃避债务，严重损害公司债权人利益的，应当对公司债务承担连带责任。 **第二十一条**　公司的控股股东、实际控制人、董事、监事、高级管理人员不得利用~~其~~关联关系损害公司利益。 违反前款规定，给公司造成损失的，应当承担赔偿责任。 **第六十三条**　~~一人有限责任~~公司~~的~~股东不能证明公司财产独立于	利损害公司或者其他股东的利益。 公司股东滥用股东权利给公司或者其他股东造成损失的，应当承担赔偿责任。 **第二十二条**　公司的控股股东、实际控制人、董事、监事、高级管理人员不得利用关联关系损害公司利益。 违反前款规定，给公司造成损失的，应当承担赔偿责任。 **第二十三条**　公司股东滥用公司法人独立地位和股东有限责任，逃避债务，严重损害公司债权人利益的，应当对公司债务承担连带责任。 股东利用其控制的两个以上公司实施前款规定行为的，各公司应当对任一公司的债务承担连带责任。 只有一个股东的公司，	其他股东可请求公司收购其股权。 第 23 条第 2 款新增横向法人人格否认制度的规定。需要注意的是，本款并不限于同一层级的关联公司，如果股东控制的公司处于集团内的不同层级，仍然可以超越层级否认其人格。 在司法适用上，第 23 条第 1 款和第 2 款可以合并适用，既进

续表

2018年《公司法》	2023年《公司法》	修订要点
股东自己的财产的，应当对公司债务承担连带责任。	股东不能证明公司财产独立于股东自己的财产的，应当对公司债务承担连带责任。	行纵向法人人格否认，也进行横向法人人格否认。
	第二十四条 公司股东会、董事会、监事会召开会议和表决可以采用电子通信方式，公司章程另有规定的除外。	本条新增公司股东会、董事会、监事会的会议召开和表决可采用电子通信方式。审计委员会和其他专门委员会作为董事会的内设机构，也可以采用电子通信方式。 本条采取“默示选入、明示排除”的规定方式，除非章程排除电子通信方式，否则公司均可采用。
第二十二条 公司股东会或者股东大会、董事会的决议内容违反法律、行政法规的无效。 股东会或者股东大会、董事会的会议召集程序、表决方式违反法律、行政法规或者公司章程，或者决议内容违反公司章程的，股东可以自决议	**第二十五条** 公司股东会、董事会的决议内容违反法律、行政法规的无效。 **第二十六条** 公司股东会、董事会的会议召集程序、表决方式违反法律、行政法规或者公司章程，或者决议内容违反公司章程的，股东自决议作出之日	第26条吸收《最高人民法院关于适用〈中华人民共和国公司法〉若干问题的规定（四）》第4条的规定，新增股东会、董事

续表

2018年《公司法》	2023年《公司法》	修订要点
作出之日起六十日内，请求人民法院撤销。 股东依照前款规定提起诉讼的，人民法院可以应公司的请求，要求股东提供相应担保。 公司根据股东会或者股东大会、董事会决议已办理变更登记的，人民法院宣告该决议无效或者撤销该决议后，公司应当向公司登记机关申请撤销变更登记。	起六十日内，可以请求人民法院撤销。但是，股东会、董事会的会议召集程序或者表决方式仅有轻微瑕疵，对决议未产生实质影响的除外。 未被通知参加股东会会议的股东自知道或者应当知道股东会决议作出之日起六十日内，可以请求人民法院撤销；自决议作出之日起一年内没有行使撤销权的，撤销权消灭。	会决议程序仅存在轻微瑕疵而未产生实质影响的可撤销事由之例外； 新增未被通知参加股东会的股东撤销权期限的起算时点及撤销权的最长行使期间。
《最高人民法院关于适用〈中华人民共和国公司法〉若干问题的规定（四）》 第四条　股东请求撤销股东会或者股东大会、董事会决议，符合民法典第八十五条、公司法第二十二条第二款规定的，人民法院应当予以支持，但会议召集程序或者表决方式仅有轻微瑕疵，且对决议未	第二十七条　有下列情形之一的，公司股东会、董事会的决议不成立： （一）未召开股东会、董事会会议作出决议； （二）股东会、董事会会议未对决议事项进行表决； （三）出席会议的人数或者所持表决权数未达到本法或者公司章程规定的人数或者所持表决权数； （四）同意决议事项的人数或者所持表决权数未达	第27条吸收了《最高人民法院关于适用〈中华人民共和国公司法〉若干问题的规定（四）》第5条的规定，新增股东会、董事会的决议不成立事由；但是，删除其第（五）项的规定，存在无法被前四项所涵盖的情形时，可适用《民法典》第134条第2款关于民事法律

续表

2018年《公司法》	2023年《公司法》	修订要点
产生实质影响的，人民法院不予支持。 第五条　股东会或者股东大会、董事会决议存在下列情形之一，当事人主张决议不成立的，人民法院应当予以支持： （一）公司未召开会议的，但依据公司法第三十七条第二款或者公司章程规定可以不召开股东会或者股东大会而直接作出决定，并由全体股东在决定文件上签名、盖章的除外； （二）会议未对决议事项进行表决的； （三）出席会议的人数或者股东所持表决权不符合公司法或者公司章程规定的； （四）会议的表决结果未达到公司法或者公司章程规定的通过比例的；	到本法或者公司章程规定的人数或者所持表决权数。 **第二十八条**　公司股东会、董事会决议被人民法院宣告无效、撤销或者确认不成立的，公司应当向公司登记机关申请撤销根据该决议已办理的登记。 股东会、董事会决议被人民法院宣告无效、撤销或者确认不成立的，公司根据该决议与善意相对人形成的民事法律关系不受影响。	行为成立条件的一般规定进行判断。 第28条吸收了《最高人民法院关于适用〈中华人民共和国公司法〉若干问题的规定（四）》第6条的规定，明确决议无效、被撤销或者不成立的外部效力，即公司根据该决议与善意相对人形成的民事法律关系不受影响。

续表

2018 年《公司法》	2023 年《公司法》	修订要点
（五）导致决议不成立的其他情形。 第六条　股东会或者股东大会、董事会决议被人民法院判决确认无效或者撤销的，公司依据该决议与善意相对人形成的民事法律关系不受影响。		
	第二章　公司登记	新增“公司登记”专章
第六条第一款、第二款　设立公司，应当依法向公司登记机关申请设立登记。符合本法规定的设立条件的，由公司登记机关分别登记为有限责任公司或者股份有限公司；不符合本法规定的设立条件的，不得登记为有限责任公司或者股份有限公司。 法律、行政法规规定设立公司必须报经批准的，应当在公司登记前依法办理批准手续。	**第二十九条**　设立公司，应当依法向公司登记机关申请设立登记。 法律、行政法规规定设立公司必须报经批准的，应当在公司登记前依法办理批准手续。	

续表

2018 年《公司法》	2023 年《公司法》	修订要点
第二十九条 股东认足公司章程规定的出资后，由全体股东指定的代表或者共同委托的代理人向公司登记机关报送公司登记申请书、公司章程等文件，申请设立登记。	**第三十条** **申请设立公司，应当提交设立**登记申请书、公司章程等文件，**提交的相关材料应当真实、合法和有效。** **申请材料不齐全或者不符合法定形式的，公司登记机关应当一次性告知需要补正的材料。**	本条新增申请设立登记材料的真实性、合法性、有效性要求，以及公司登记机关告知补正材料的规范。
第六条第一款 设立公司，应当依法向公司登记机关申请设立登记。符合本法规定的设立条件的，由公司登记机关分别登记为有限责任公司或者股份有限公司；不符合本法规定的设立条件的，不得登记为有限责任公司或者股份有限公司。	**第三十一条** **申请设立公司，**符合本法规定的设立条件的，由公司登记机关分别登记为有限责任公司或者股份有限公司；不符合本法规定的设立条件的，不得登记为有限责任公司或者股份有限公司。	
第六条第三款 公众可以向公司登记机关申请查询公司登记事项，公司登记机关应当提供查询服务。	**第三十二条** **公司登记事项包括：** **（一）名称；** **（二）住所；** **（三）注册资本；** **（四）经营范围；**	本条系统规定了公司登记的六类事项，并要求公司登记机关通过国家企业信用信息公示系统向社会公示。

续表

2018 年《公司法》	2023 年《公司法》	修订要点
	（五）法定代表人的姓名； **（六）有限责任公司股东、股份有限公司发起人的姓名或者名称。** **公司登记机关应当将前款规定的公司登记事项通过国家企业信用信息公示系统向社会公示。**	
第七条 依法设立的公司，由公司登记机关发给公司营业执照。公司营业执照签发日期为公司成立日期。 公司营业执照应当载明公司的名称、住所、注册资本、经营范围、法定代表人姓名等事项。 公司营业执照记载的事项发生变更的，公司~~应当依法~~办理变更登记，由公司登记机关换发营业执照。 **第三十二条第三款** 公司应当将股东的姓名或者名称向公司登记机关	**第三十三条** 依法设立的公司，由公司登记机关发给公司营业执照。公司营业执照签发日期为公司成立日期。 公司营业执照应当载明公司的名称、住所、注册资本、经营范围、法定代表人姓名等事项。 **公司登记机关可以发给电子营业执照。电子营业执照与纸质营业执照具有同等法律效力。** **第三十四条** **公司**登记事项发生变更的，应当**依法**办理变更登记。 **公司登记事项**未经登记	本条新增电子营业执照及其法律效力的规定。 本条明确公司登记事项未经登记或未经变更登记不得对抗善意相对人，与《民法典》第 65 条相衔接。相较于 2018 年《公司法》第 32 条第 3 款，登记不得对抗的范围从“第三人”限缩至“善意相对人”。

续表

2018年《公司法》	2023年《公司法》	修订要点
登记；登记事项发生变更的，应当办理变更登记。未经登记或者变更登记的，不得对抗第三人。	或者未经变更登记，不得对抗善意相对人。 **第三十五条** 公司申请变更登记，应当向公司登记机关提交公司法定代表人签署的变更登记申请书、依法作出的变更决议或者决定等文件。 公司变更登记事项涉及修改公司章程的，应当提交修改后的公司章程。 公司变更法定代表人的，变更登记申请书由变更后的法定代表人签署。 **第三十六条** 公司营业执照记载的事项发生变更的，公司办理变更登记后，由公司登记机关换发营业执照。	第35条第1款和第2款新增公司申请变更登记的文件材料及程序要求；第3款新增变更法定代表人时变更登记申请书的签署主体，即变更后的法定代表人，从而明确了法定代表人的变更凭公司的变更决议或决定生效，以解决登记实践中要求新旧法定代表人同时签字的问题。
	第三十七条 公司因解散、被宣告破产或者其他法定事由需要终止的，应当依法向公司登记机关申请注销登记，由公司登记机关公告公司终止。	本条新增公司终止时的注销登记及公告规则。

续表

2018 年《公司法》	2023 年《公司法》	修订要点
第十四条第一款 公司可以设立分公司。设立分公司，应当向公司登记机关申请登记，领取营业执照。分公司不具有法人资格，其民事责任由公司承担。	**第三十八条** 公司设立分公司，应当向公司登记机关申请登记，领取营业执照。	
第一百九十八条 ~~违反本法规定，~~虚报注册资本、提交虚假材料或者采取其他欺诈手段隐瞒重要事实取得公司登记的，~~由~~公司登记机关~~责令改正，对虚报注册资本的公司，处以虚报注册资本金额百分之五以上百分之十五以下的罚款；对提交虚假材料或者采取其他欺诈手段隐瞒重要事实的公司，处以五万元以上五十万元以下的罚款；情节严重的，~~撤销~~公司登记或者吊销营业执照~~。	**第三十九条** 虚报注册资本、提交虚假材料或者采取其他欺诈手段隐瞒重要事实取得公司**设立**登记的，公司登记机关**应当依照法律、行政法规的规定予以**撤销。	本条明确公司采取欺诈手段取得公司设立登记时的法律后果。 需要注意的是，并非所有欺诈设立的公司均须撤销，具体适用需要根据《市场主体登记管理条例》第 40 条至第 42 条的规定处理。

续表

2018年《公司法》	2023年《公司法》	修订要点
	第四十条　公司应当按照规定通过国家企业信用信息公示系统公示下列事项： （一）有限责任公司股东认缴和实缴的出资额、出资方式和出资日期，股份有限公司发起人认购的股份数； （二）有限责任公司股东、股份有限公司发起人的股权、股份变更信息； （三）行政许可取得、变更、注销等信息； （四）法律、行政法规规定的其他信息。 公司应当确保前款公示信息真实、准确、完整。	本条第1款新增公司在国家企业信用信息公示系统的法定公示事项，强化公司的信息公示义务，以强化公司信用，保障交易安全。 本条第2款新增“公司应当确保前款公示信息真实、准确、完整”。
	第四十一条　公司登记机关应当优化公司登记办理流程，提高公司登记效率，加强信息化建设，推行网上办理等便捷方式，提升公司登记便利化水平。 国务院市场监督管理部门根据本法和有关法律、行政法规的规定，制定公司登记注册的具体办法。	本条新增公司登记机关优化公司登记服务的要求，以及国务院市场监督管理部门关于公司登记注册的立法授权。

续表

2018 年《公司法》	2023 年《公司法》	修订要点
第二章　有限责任公司的设立和组织机构	**第三章　有限责任公司的设立和组织机构**	
第一节　设　立	第一节　设　立	
~~**第二十三条**　设立有限责任公司，应当具备下列条件：~~ ~~（一）股东符合法定人数；~~ ~~（二）有符合公司章程规定的全体股东认缴的出资额；~~ （三）股东共同制定公司章程； ~~（四）有公司名称，建立符合有限责任公司要求的组织机构；~~ ~~（五）有公司住所。~~		删除公司设立的法定条件。
第二十四条　有限责任公司由五十个以下股东出资设立。	**第四十二条**　有限责任公司由一个以上五十个以下股东出资设立。	本条将一人有限责任公司并入到一般的有限责任公司条款，削减其特殊性。
	第四十三条　有限责任公司设立时的股东可以签订设立协议，明确各自在公司设立过程中的权利和义务。	本条新增有限责任公司设立时的股东可以签订设立协议，为倡导性条款。

续表

2018年《公司法》	2023年《公司法》	修订要点
	第四十四条　有限责任公司设立时的股东为设立公司从事的民事活动，其法律后果由公司承受。 公司未成立的，其法律后果由公司设立时的股东承受；设立时的股东为二人以上的，享有连带债权，承担连带债务。 设立时的股东为设立公司以自己的名义从事民事活动产生的民事责任，第三人有权选择请求公司或者公司设立时的股东承担。 设立时的股东因履行公司设立职责造成他人损害的，公司或者无过错的股东承担赔偿责任后，可以向有过错的股东追偿。	本条吸收《民法典》第75条与《最高人民法院关于适用〈中华人民共和国公司法〉若干问题的规定》的相关规定，分别规定了四款内容： （1）公司成立后设立行为的法律后果； （2）公司设立失败时的责任； （3）设立时的股东以个人名义从事民事活动的法律后果； （4）设立时的股东因履行公司设立职责造成他人损害的责任。
第二十三条第（三）项　设立有限责任公司，应当~~具备下列条件：~~ ~~（三）~~股东共同制定公司章程；	**第四十五条**　设立有限责任公司，应当由股东共同制定公司章程。	
第二十五条　有限责任公司章程应当载明下	**第四十六条**　有限责任公司章程应当载明下列	本条第1款第7项将“公司法定代表人”

续表

2018年《公司法》	2023年《公司法》	修订要点
列事项： （一）公司名称和住所； （二）公司经营范围； （三）公司注册资本； （四）股东的姓名或者名称； （五）股东的出资方式、出资额和出资~~时间~~； （六）公司的机构及其产生办法、职权、议事规则； （七）公司法定代表人； （八）股东会~~会议~~认为需要规定的其他事项。 股东应当在公司章程上签名~~、~~盖章。	事项： （一）公司名称和住所； （二）公司经营范围； （三）公司注册资本； （四）股东的姓名或者名称； （五）股东的出资额、出资方式和出资**日期**； （六）公司的机构及其产生办法、职权、议事规则； （七）公司法定代表人**的产生、变更办法**； （八）股东会认为需要规定的其他事项。 股东应当在公司章程上签名**或者**盖章。	修改为“公司法定代表人的产生、变更办法”，以解决因变更法定代表人导致需要召开股东会、修改公司章程的程序繁琐问题。
第二十六条 有限责任公司的注册资本为在公司登记机关登记的全体股东认缴的出资额。 法律、行政法规以及国务院决定对有限责任公司注册资本实缴、	**第四十七条** 有限责任公司的注册资本为在公司登记机关登记的全体股东认缴的出资额。**全体股东认缴的出资额由股东按照公司章程的规定自公司成立之日起五年内缴足。**	本条第1款新增有限责任公司认缴出资额应在五年内缴足的规定。根据该条规定，有限责任公司改采限期实缴制，不再采取2013年《公司法》

续表

2018 年《公司法》	2023 年《公司法》	修订要点
注册资本最低限额另有规定的，从其规定。	法律、行政法规以及国务院决定对有限责任公司注册资本实缴、注册资本最低限额、股东出资期限另有规定的，从其规定。	所确立的完全认缴制。 第 2 款新增法律、行政法规以及国务院决定可以对股东出资期限另有规定。
第二十七条 股东可以用货币出资，也可以用实物、知识产权、土地使用权等可以用货币估价并可以依法转让的非货币财产作价出资；但是，法律、行政法规规定不得作为出资的财产除外。 对作为出资的非货币财产应当评估作价，核实财产，不得高估或者低估作价。法律、行政法规对评估作价有规定的，从其规定。	**第四十八条** 股东可以用货币出资，也可以用实物、知识产权、土地使用权、股权、债权等可以用货币估价并可以依法转让的非货币财产作价出资；但是，法律、行政法规规定不得作为出资的财产除外。 对作为出资的非货币财产应当评估作价，核实财产，不得高估或者低估作价。法律、行政法规对评估作价有规定的，从其规定。	本条新增对股权、债权的具体列举，明确其为非货币财产的出资形式。
第二十八条 股东应当按期足额缴纳公司章程中规定的各自所认缴的出资额。股东以货币出资的，应当将货币出资足额存入有限责任	**第四十九条** 股东应当按期足额缴纳公司章程规定的各自所认缴的出资额。 股东以货币出资的，应当将货币出资足额存入	本条新增有限责任公司股东未按期足额缴纳出资时对公司的赔偿责任。

续表

2018 年《公司法》	2023 年《公司法》	修订要点
公司在银行开设的账户；以非货币财产出资的，应当依法办理其财产权的转移手续。 股东~~不按照前款规定~~缴纳出资的，除应当向公司足额缴纳外，还应当~~向已按期足额缴纳出资的股东承担违约责任。~~ **第三十条** 有限责任公司~~成立后，发现作为设立公司~~出资的非货币财产的实际价额显著低于~~公司章程所定价额~~的，~~应当由交付该出资的股东补足其差额；公司~~设立时的其他股东承担连带责任。	有限责任公司在银行开设的账户；以非货币财产出资的，应当依法办理其财产权的转移手续。 股东**未按期足额**缴纳出资的，除应当向公司足额缴纳外，还应当**对给公司造成的损失承担赔偿责任。** **第五十条** 有限责任公司**设立时，股东未按照公司章程规定实际缴纳出资，或者实际**出资的非货币财产的实际价额显著低于**所认缴的出资额**的，设立时的其他股东**与该股东在出资不足的范围内**承担连带责任。	
	第五十一条 有限责任公司成立后，董事会应当对股东的出资情况进行核查，发现股东未按期足额缴纳公司章程规定的出资的，应当由公司向该股东发出书面催缴书，催缴出资。 **未及时履行前款规定的**	本条新增有限责任公司董事会的催缴义务，及其未履行义务的赔偿责任。 该责任的构成需要满足董事未尽催缴义务、产生了损害后果、二者之间具有因

续表

2018年《公司法》	2023年《公司法》	修订要点
	义务，给公司造成损失的，负有责任的董事应当承担赔偿责任。	果关系等要件。
	第五十二条　股东未按照公司章程规定的出资日期缴纳出资，公司依照前条第一款规定发出书面催缴书催缴出资的，可以载明缴纳出资的宽限期；宽限期自公司发出催缴书之日起，不得少于六十日。宽限期届满，股东仍未履行出资义务的，公司经董事会决议可以向该股东发出失权通知，通知应当以书面形式发出。自通知发出之日起，该股东丧失其未缴纳出资的股权。 依照前款规定丧失的股权应当依法转让，或者相应减少注册资本并注销该股权；六个月内未转让或者注销的，由公司其他股东按照其出资比例足额缴纳相应出资。 股东对失权有异议的，	本条新增催缴失权制度，是2023年《公司法》修订中的重要条款。本条规定的催缴，包括常规催缴和失权催缴，区别在于前者不导致失权后果，后者导致失权后果。至于是否要作出失权决议、产生失权后果，由董事会决定。 第1款规定，进行催缴失权，需要严格遵守本条规定的程序，包括发出载明出资宽限期的书面催缴书、宽限期届满后核查出资情况、作出董事会决议、发出书面失权通知等。 第2款规定了库存股的处理方式；第3款规定了失权的异议救

续表

2018 年《公司法》	2023 年《公司法》	修订要点
	应当自接到失权通知之日起三十日内，向人民法院提起诉讼。	济程序。
第三十五条 公司成立后，股东不得抽逃出资。 《最高人民法院关于适用〈中华人民共和国公司法〉若干问题的规定（三）》 第十四条 股东抽逃出资，公司或者其他股东请求其向公司返还出资本息、协助抽逃出资的其他股东、董事、高级管理人员或者实际控制人对此承担连带责任的，人民法院应予支持。 公司债权人请求抽逃出资的股东在抽逃出资本息范围内对公司债务不能清偿的部分承担补充赔偿责任、协助抽逃出资的其他股东、董事、高级管理人员或者实际控制人对此承担连带责任的，人民法院应	**第五十三条** 公司成立后，股东不得抽逃出资。 违反前款规定的，股东应当返还抽逃的出资；给公司造成损失的，负有责任的董事、监事、高级管理人员应当与该股东承担连带赔偿责任。	本条新增第 2 款，规定了股东抽逃出资的法律责任，包括抽逃出资股东的返还责任和负有责任的董事、监事、高级管理人员的连带责任。

续表

2018年《公司法》	2023年《公司法》	修订要点
予支持；抽逃出资的股东已经承担上述责任，其他债权人提出相同请求的，人民法院不予支持。		
	第五十四条　公司不能清偿到期债务的，公司或者已到期债权的债权人有权要求已认缴出资但未届出资期限的股东提前缴纳出资。	本条新增股东出资加速到期制度。适用要点如下： 1. 加速到期的条件是停止支付而非支付不能的标准，即《最高人民法院关于适用〈中华人民共和国企业破产法〉若干问题的规定（一）》第2条所规定的认定标准："债权债务关系依法成立、债务履行期限已经届满、债务人未完全清偿债务"。 2. 请求加速到期的主体包括公司、已到期债权的债权人两个主体。 3. 适用入库规则，由股东向公司缴纳出资，而非直接向债权人履行。

续表

2018年《公司法》	2023年《公司法》	修订要点
第三十一条 有限责任公司成立后，应当向股东签发出资证明书。 ~~出资证明书应当载明~~下列事项： （一）公司名称； （二）公司成立日期； （三）公司注册资本； （四）股东的姓名或者名称、缴纳的出资额和出资日期； （五）出资证明书的编号和核发日期。 出资证明书由公司盖章。	**第五十五条** 有限责任公司成立后，应当向股东签发出资证明书，**记载**下列事项： （一）公司名称； （二）公司成立日期； （三）公司注册资本； （四）股东的姓名或者名称、**认缴和实缴**的出资额、**出资方式**和出资日期； （五）出资证明书的编号和核发日期。 出资证明书**由法定代表人签名，并**由公司盖章。	
第三十二条第一款、第二款 有限责任公司应当置备股东名册，记载下列事项： （一）股东的姓名或者名称及住所； （二）股东的出资额； （三）出资证明书编号。 记载于股东名册的股东，可以依股东名册	**第五十六条** 有限责任公司应当置备股东名册，记载下列事项： （一）股东的姓名或者名称及住所； （二）股东**认缴和实缴**的出资额**、出资方式和出资日期**； （三）出资证明书编号**；** **（四）取得和丧失股东资格的日期**。	本条新增有限责任公司股东名册的部分记载事项。

续表

2018 年《公司法》	2023 年《公司法》	修订要点
主张行使股东权利。	记载于股东名册的股东，可以依股东名册主张行使股东权利。	
第三十三条 股东有权查阅、复制公司章程、股东会会议记录、董事会会议决议、监事会会议决议和财务会计报告。 股东可以要求查阅公司会计账簿。股东要求查阅公司会计账簿的，应当向公司提出书面请求，说明目的。公司有合理根据认为股东查阅会计账簿有不正当目的，可能损害公司合法利益的，可以拒绝提供查阅，并应当自股东提出书面请求之日起十五日内书面答复股东并说明理由。公司拒绝提供查阅的，股东可以~~请求~~人民法院~~要求公司提供查阅~~。	**第五十七条** 股东有权查阅、复制公司章程、股东名册、股东会会议记录、董事会会议决议、监事会会议决议和财务会计报告。 股东可以要求查阅公司会计账簿、会计凭证。股东要求查阅公司会计账簿、会计凭证的，应当向公司提出书面请求，说明目的。公司有合理根据认为股东查阅会计账簿、会计凭证有不正当目的，可能损害公司合法利益的，可以拒绝提供查阅，并应当自股东提出书面请求之日起十五日内书面答复股东并说明理由。公司拒绝提供查阅的，股东可以向人民法院提起诉讼。 股东查阅前款规定的材料，可以委托会计师事务所、律师事务所等中介机	本条第 1 款新增股东有权查阅、复制公司的股东名册； 第 2 款新增股东有权查阅“公司会计凭证”，解决了长期以来股东能否查阅会计凭证的实践争议，有助于激活股东代表诉讼，保护中小股东权益； 第 3 款明确股东委托会计师事务所、律师事务所等中介机构辅助行使查阅权的权限及对其合法行使查阅权的要求； 第 4 款新增股东对全资子公司相关资料的查阅、复制权，以配合本法第 189 条引入的股东双重代表诉讼。

续表

2018 年《公司法》	2023 年《公司法》	修订要点
	构进行。 股东及其委托的会计师事务所、律师事务所等中介机构查阅、复制有关材料，应当遵守有关保护国家秘密、商业秘密、个人隐私、个人信息等法律、行政法规的规定。 股东要求查阅、复制公司全资子公司相关材料的，适用前四款的规定。	
第二节　组织机构	第二节　组织机构	
第三十六条　有限责任公司股东会由全体股东组成。股东会是公司的权力机构，依照本法行使职权。	**第五十八条**　有限责任公司股东会由全体股东组成。股东会是公司的权力机构，依照本法行使职权。	
第三十七条　股东会行使下列职权： （一）~~决定公司的经营方针和投资计划；~~ （二）选举和更换~~非由职工代表担任的~~董事、监事，决定有关董事、监事的报酬事项； （三）审议批准董事	**第五十九条**　股东会行使下列职权： （一）选举和更换董事、监事，决定有关董事、监事的报酬事项； （二）审议批准董事会的报告； （三）审议批准监事会的报告；	本条删除股东会“决定公司的经营方针和投资计划”“审议批准公司的年度财务预算方案、决算方案”两项职权，相应缩减股东会的法定职权，扩充董事会的职权范围，进一步强化了董

续表

2018年《公司法》	2023年《公司法》	修订要点
会的报告； （四）审议批准监事会~~或者监事~~的报告； （五）~~审议批准公司的年度财务预算方案、决算方案；~~ （六）审议批准公司的利润分配方案和弥补亏损方案； （七）对公司增加或者减少注册资本作出决议； （八）对发行公司债券作出决议； （九）对公司合并、分立、解散、清算或者变更公司形式作出决议； （十）修改公司章程； （十一）公司章程规定的其他职权。 对前款所列事项股东以书面形式一致表示同意的，可以不召开股东会会议，直接作出决定，并由全体股东在决定文件上签名、盖章。	（四）审议批准公司的利润分配方案和弥补亏损方案； （五）对公司增加或者减少注册资本作出决议； （六）对发行公司债券作出决议； （七）对公司合并、分立、解散、清算或者变更公司形式作出决议； （八）修改公司章程； （九）公司章程规定的其他职权。 **股东会可以授权董事会对发行公司债券作出决议。** 对**本条第一款**所列事项股东以书面形式一致表示同意的，可以不召开股东会会议，直接作出决定，并由全体股东在决定文件上签名**或者**盖章。	事会在公司治理中的中心地位； 新增股东会可授权董事会对发行公司债券作出决议。

续表

2018年《公司法》	2023年《公司法》	修订要点
第六十一条 一人有限责任公司不设股东会。股东作出本法第三十七条第一款所列决定时，应当采用书面形式，并由股东签名后置备于公司。	**第六十条** 只有一个股东的有限责任公司不设股东会。股东作出前条第一款所列事项的决定时，应当采用书面形式，并由股东签名或者盖章后置备于公司。	
第三十八条 首次股东会会议由出资最多的股东召集和主持，依照本法规定行使职权。	**第六十一条** 首次股东会会议由出资最多的股东召集和主持，依照本法规定行使职权。	
第三十九条 股东会会议分为定期会议和临时会议。 定期会议应当依照公司章程的规定按时召开。代表十分之一以上表决权的股东，三分之一以上的董事，监事会或者不设监事会的公司的监事提议召开临时会议的，应当召开临时会议。	**第六十二条** 股东会会议分为定期会议和临时会议。 定期会议应当按照公司章程的规定按时召开。代表十分之一以上表决权的股东、三分之一以上的董事或者监事会提议召开临时会议的，应当召开临时会议。	
第四十条 有限责任公司设立董事会的，股东会会议由董事会召集，董	**第六十三条** 股东会会议由董事会召集，董事长主持；董事长不能履行	

续表

2018 年《公司法》	2023 年《公司法》	修订要点
事长主持；董事长不能履行职务或者不履行职务的，由副董事长主持；副董事长不能履行职务或者不履行职务的，由半数以上董事共同推举一名董事主持。 有限责任公司不设董事会的，股东会会议由执行董事召集和主持。 董事会或者执行董事不能履行或者不履行召集股东会会议职责的，由监事会或者不设监事会的公司的监事召集和主持；监事会或者监事不召集和主持的，代表十分之一以上表决权的股东可以自行召集和主持。	职务或者不履行职务的，由副董事长主持；副董事长不能履行职务或者不履行职务的，由过半数的董事共同推举一名董事主持。 董事会不能履行或者不履行召集股东会会议职责的，由监事会召集和主持；监事会不召集和主持的，代表十分之一以上表决权的股东可以自行召集和主持。	
第四十一条 召开股东会会议，应当于会议召开十五日前通知全体股东；但是，公司章程另有规定或者全体股东另有约定的除外。 股东会应当对所议	**第六十四条** 召开股东会会议，应当于会议召开十五日前通知全体股东；但是，公司章程另有规定或者全体股东另有约定的除外。 股东会应当对所议事	本条新增“盖章”作为股东确认股东会会议记录的方式。

续表

2018年《公司法》	2023年《公司法》	修订要点
事项的决定作成会议记录，出席会议的股东应当在会议记录上签名。	项的决定作成会议记录，出席会议的股东应当在会议记录上签名或者盖章。	
第四十二条 股东会会议由股东按照出资比例行使表决权；但是，公司章程另有规定的除外。	**第六十五条** 股东会会议由股东按照出资比例行使表决权；但是，公司章程另有规定的除外。	
第四十三条 股东会的议事方式和表决程序，除本法有规定的外，由公司章程规定。 股东会~~会议~~作出修改公司章程、增加或者减少注册资本的决议，以及公司合并、分立、解散或者变更公司形式的决议，~~必须~~经代表三分之二以上表决权的股东通过。	**第六十六条** 股东会的议事方式和表决程序，除本法有规定的外，由公司章程规定。 股东会作出决议，应当经代表过半数表决权的股东通过。 股东会作出修改公司章程、增加或者减少注册资本的决议，以及公司合并、分立、解散或者变更公司形式的决议，应当经代表三分之二以上表决权的股东通过。	本条新增股东会会议一般决议应经代表过半数表决权的股东通过。
第四十六条 董事会~~对股东会负责，~~行使下列职权： （一）召集股东会	**第六十七条** 有限责任公司设董事会，本法第七十五条另有规定的除外。 董事会行使下列职权：	本条删除董事会“制订公司的年度财务预算方案、决算方案”职权；

续表

2018 年《公司法》	2023 年《公司法》	修订要点
会议，并向股东会报告工作； （二）执行股东会的决议； （三）决定公司的经营计划和投资方案； （四）~~制订公司的年度财务预算方案、决算方案；~~ （五）制订公司的利润分配方案和弥补亏损方案； （六）制订公司增加或者减少注册资本以及发行公司债券的方案； （七）制订公司合并、分立、解散或者变更公司形式的方案； （八）决定公司内部管理机构的设置； （九）决定聘任或者解聘公司经理及其报酬事项，并根据经理的提名决定聘任或者解聘公司副经理、财务负责人及其报酬事项；	（一）召集股东会会议，并向股东会报告工作； （二）执行股东会的决议； （三）决定公司的经营计划和投资方案； （四）制订公司的利润分配方案和弥补亏损方案； （五）制订公司增加或者减少注册资本以及发行公司债券的方案； （六）制订公司合并、分立、解散或者变更公司形式的方案； （七）决定公司内部管理机构的设置； （八）决定聘任或者解聘公司经理及其报酬事项，并根据经理的提名决定聘任或者解聘公司副经理、财务负责人及其报酬事项； （九）制定公司的基本管理制度； （十）公司章程规定**或者股东会授予**的其他职权。 **公司章程对董事会职**	新增董事会可行使股东会授予的其他职权； 明确公司章程对董事会职权的限制不得对抗善意相对人。

续表

2018 年《公司法》	2023 年《公司法》	修订要点
（十）制定公司的基本管理制度； （十一）公司章程规定的其他职权。	权的限制不得对抗善意相对人。	
第四十四条 有限责任公司设董事会，其成员为三人至十三人；但是，本法第五十条另有规定的除外。 两个以上的国有企业或者两个以上的其他国有投资主体投资设立的有限责任公司，其董事会成员中应当有公司职工代表；其他有限责任公司董事会成员中可以有公司职工代表。董事会中的职工代表由公司职工通过职工代表大会、职工大会或者其他形式民主选举产生。 董事会设董事长一人，可以设副董事长。董事长、副董事长的产生办法由公司章程规定。	**第六十八条** 有限责任公司董事会成员为三人以上，其成员中可以有公司职工代表。职工人数三百人以上的有限责任公司，除依法设监事会并有公司职工代表的外，其董事会成员中应当有公司职工代表。董事会中的职工代表由公司职工通过职工代表大会、职工大会或者其他形式民主选举产生。 董事会设董事长一人，可以设副董事长。董事长、副董事长的产生办法由公司章程规定。	本条删除有限责任公司董事会人数上限为 13 人的规定。 新增有限责任公司职工董事的设置规则，即采取双层制的公司在监事会中设职工监事，从而无需强制性设置职工董事；采取单层制的公司根据职工人数多少而确定职工董事的设置：职工人数 300 人以上的有限公司应当设职工董事，不足 300 人的可设可不设。

续表

2018 年《公司法》	2023 年《公司法》	修订要点
	第六十九条　有限责任公司可以按照公司章程的规定在董事会中设置由董事组成的审计委员会，行使本法规定的监事会的职权，不设监事会或者监事。公司董事会成员中的职工代表可以成为审计委员会成员。	本条新增有限责任公司可以选设单层制的治理结构。 根据本条规定，有限责任公司不设监事会的条件有二：一是设审计委员会；二是由审计委员会行使监事会职权。二者需同时满足。
第四十五条　董事任期由公司章程规定，但每届任期不得超过三年。董事任期届满，连选可以连任。 董事任期届满未及时改选，或者董事在任期内辞职导致董事会成员低于法定人数的，在改选出的董事就任前，原董事仍应当依照法律、行政法规和公司章程的规定，履行董事职务。	**第七十条**　董事任期由公司章程规定，但每届任期不得超过三年。董事任期届满，连选可以连任。 董事任期届满未及时改选，或者董事在任期内辞任导致董事会成员低于法定人数的，在改选出的董事就任前，原董事仍应当依照法律、行政法规和公司章程的规定，履行董事职务。 董事辞任的，应当以书面形式通知公司，公司收到通知之日辞任生效，但存在前款规定情形的，董事应当继续履行职务。	本条第 1 款规定董事的任期，即在不超过三年的范围内由章程规定，无连任限制。 第 2 款规定了董事留任的法定情形。 第 3 款新增董事辞任规则，要求辞任通知以书面形式作出，辞任生效的时间为公司收到通知之日。

续表

2018 年《公司法》	2023 年《公司法》	修订要点
《最高人民法院关于适用〈中华人民共和国公司法〉若干问题的规定（五）》 第三条　董事任期届满前被股东会或者股东大会有效决议解除职务，其主张解除不发生法律效力的，人民法院不予支持。 董事职务被解除后，因补偿与公司发生纠纷提起诉讼的，人民法院应当依据法律、行政法规、公司章程的规定或者合同的约定，综合考虑解除的原因、剩余任期、董事薪酬等因素，确定是否补偿以及补偿的合理数额。	**第七十一条　股东会可以决议解任董事，决议作出之日解任生效。** **无正当理由，在任期届满前解任董事的，该董事可以要求公司予以赔偿。**	本条第 1 款新增股东会对董事的无因解除权，明确了解任生效的时点为决议作出之日，不以通知董事为要件。 第 2 款新增董事的损害赔偿请求权，相较于《最高人民法院关于适用〈中华人民共和国公司法〉若干问题的规定（五）》，将“补偿”修改为“赔偿”，进一步加大了对董事的保护强度。
第四十七条　董事会会议由董事长召集和主持；董事长不能履行职务或者不履行职务的，由副董事长召集和主持；副董事长不能履行职务	**第七十二条**　董事会会议由董事长召集和主持；董事长不能履行职务或者不履行职务的，由副董事长召集和主持；副董事长不能履行职务或者不履行职	

续表

2018年《公司法》	2023年《公司法》	修订要点
或者不履行职务的，由半数以上董事共同推举一名董事召集和主持。	务的，由过半数的董事共同推举一名董事召集和主持。	
第四十八条 董事会的议事方式和表决程序，除本法有规定的外，由公司章程规定。 董事会应当对所议事项的决定作成会议记录，出席会议的董事应当在会议记录上签名。 董事会决议的表决，实行一人一票。	**第七十三条** 董事会的议事方式和表决程序，除本法有规定的外，由公司章程规定。 **董事会会议应当有过半数的董事出席方可举行。董事会作出决议，应当经全体董事的过半数通过。** 董事会决议的表决，应当一人一票。 董事会应当对所议事项的决定作成会议记录，出席会议的董事应当在会议记录上签名。	本条新增董事会会议的出席和表决规则。
第四十九条 有限责任公司可以设经理，由董事会决定聘任或者解聘。经理对董事会负责，行使下列职权： （一）主持公司的生产经营管理工作，组织实施董事会决议； （二）组织实施公司	**第七十四条** 有限责任公司可以设经理，由董事会决定聘任或者解聘。 经理对董事会负责，**根据公司章程的规定或者董事会的授权**行使职权。经理列席董事会会议。	本条删除经理的法定职权，具体职权由公司章程规定或董事会授权。

续表

2018 年《公司法》	2023 年《公司法》	修订要点
~~年度经营计划和投资方案；~~ ~~（三）拟订公司内部管理机构设置方案；~~ ~~（四）拟订公司的基本管理制度；~~ ~~（五）制定公司的具体规章；~~ ~~（六）提请聘任或者解聘公司副经理、财务负责人；~~ ~~（七）决定聘任或者解聘除应由董事会决定聘任或者解聘以外的负责管理人员；~~ ~~（八）董事会授予的其他职权。~~ ~~公司章程对经理职权另有规定的，从其规定。~~ 经理列席董事会会议。		
第五十条 股东人数较少或者规模较小的有限责任公司，可以设一名执行董事，不设董事会。执行董事可以兼	**第七十五条** 规模较小或者股东人数较少的有限责任公司，可以不设董事会，设一名董事，**行使本法规定的董事会的职权。**	

续表

2018 年《公司法》	2023 年《公司法》	修订要点
任公司经理。 ~~执行董事的职权由公司章程规定。~~	该董事可以兼任公司经理。	
第五十一条 有限责任公司设监事会，其成员~~不得少于~~三人。股东人数较少或者规模较小的有限责任公司，可以设一~~至二~~名监事，不设监事会。 监事会应当包括股东代表和适当比例的公司职工代表，其中职工代表的比例不得低于三分之一，具体比例由公司章程规定。监事会中的职工代表由公司职工通过职工代表大会、职工大会或者其他形式民主选举产生。 监事会设主席一人，由全体监事过半数选举产生。监事会主席召集和主持监事会会议；监事会主席不能履行职务或者不履行职务的，由	**第七十六条** 有限责任公司设监事会，本法第六十九条、第八十三条另有规定的除外。 监事会成员为三人以上。监事会成员应当包括股东代表和适当比例的公司职工代表，其中职工代表的比例不得低于三分之一，具体比例由公司章程规定。监事会中的职工代表由公司职工通过职工代表大会、职工大会或者其他形式民主选举产生。 监事会设主席一人，由全体监事过半数选举产生。监事会主席召集和主持监事会会议；监事会主席不能履行职务或者不履行职务的，由过半数的监事共同推举一名监事召集和主持监事会会议。 董事、高级管理人员	本条第 1 款衔接了有限责任公司单层制治理结构的改革，增加不设监事会的除外情形。

续表

2018 年《公司法》	2023 年《公司法》	修订要点
半数以上监事共同推举一名监事召集和主持监事会会议。 董事、高级管理人员不得兼任监事。	不得兼任监事。	
第五十二条 监事的任期每届为三年。监事任期届满，连选可以连任。 监事任期届满未及时改选，或者监事在任期内辞职导致监事会成员低于法定人数的，在改选出的监事就任前，原监事仍应当依照法律、行政法规和公司章程的规定，履行监事职务。	**第七十七条** 监事的任期每届为三年。监事任期届满，连选可以连任。 监事任期届满未及时改选，或者监事在任期内辞任导致监事会成员低于法定人数的，在改选出的监事就任前，原监事仍应当依照法律、行政法规和公司章程的规定，履行监事职务。	
第五十三条 监事会、不设监事会的公司的监事行使下列职权： （一）检查公司财务； （二）对董事、高级管理人员执行公司职务的行为进行监督，对违反法律、行政法规、公司章程或者股东会决	**第七十八条** 监事会行使下列职权： （一）检查公司财务； （二）对董事、高级管理人员执行职务的行为进行监督，对违反法律、行政法规、公司章程或者股东会决议的董事、高级管理人员提出解任的建议；	本条与第 79 条、第 80 条共同规定了监事会的职权。

续表

2018 年《公司法》	2023 年《公司法》	修订要点
议的董事、高级管理人员提出罢免的建议； （三）当董事、高级管理人员的行为损害公司的利益时，要求董事、高级管理人员予以纠正； （四）提议召开临时股东会会议，在董事会不履行本法规定的召集和主持股东会会议职责时召集和主持股东会会议； （五）向股东会会议提出提案； （六）依照本法第一百五十一条的规定，对董事、高级管理人员提起诉讼； （七）公司章程规定的其他职权。	（三）当董事、高级管理人员的行为损害公司的利益时，要求董事、高级管理人员予以纠正； （四）提议召开临时股东会会议，在董事会不履行本法规定的召集和主持股东会会议职责时召集和主持股东会会议； （五）向股东会会议提出提案； （六）依照本法第一百八十九条的规定，对董事、高级管理人员提起诉讼； （七）公司章程规定的其他职权。	
第五十四条　监事可以列席董事会会议，并对董事会决议事项提出质询或者建议。 监事会、不设监事	**第七十九条**　监事可以列席董事会会议，并对董事会决议事项提出质询或者建议。 监事会发现公司经营	

续表

2018 年《公司法》	2023 年《公司法》	修订要点
~~会的公司的监事~~发现公司经营情况异常，可以进行调查；必要时，可以聘请会计师事务所等协助其工作，费用由公司承担。	情况异常，可以进行调查；必要时，可以聘请会计师事务所等协助其工作，费用由公司承担。	
第一百五十条第二款 董事、高级管理人员应当如实向监事会~~或者不设监事会的有限责任公司的监事~~提供有关情况和资料，不得妨碍监事会或者监事行使职权。	**第八十条** **监事会可以要求董事、高级管理人员提交执行职务的报告。** 董事、高级管理人员应当如实向监事会提供有关情况和资料，不得妨碍监事会或者监事行使职权。	本条新增监事会可以要求董事、高级管理人员提交执行职务报告的权利。
第五十五条 监事会每年度至少召开一次会议，监事可以提议召开临时监事会会议。 监事会的议事方式和表决程序，除本法有规定的外，由公司章程规定。 监事会决议应当经半数~~以上~~监事通过。 监事会应当对所议事项的决定作成会议记	**第八十一条** 监事会每年度至少召开一次会议，监事可以提议召开临时监事会会议。 监事会的议事方式和表决程序，除本法有规定的外，由公司章程规定。 监事会决议应当经**全体**监事**的过**半数通过。 **监事会决议的表决，应当一人一票。** 监事会应当对所议事项	本条明确监事会采用一人一票的表决机制。

续表

2018 年《公司法》	2023 年《公司法》	修订要点
录，出席会议的监事应当在会议记录上签名。	的决定作成会议记录，出席会议的监事应当在会议记录上签名。	
第五十六条 监事会、不设监事会的公司的监事行使职权所必需的费用，由公司承担。	**第八十二条** 监事会行使职权所必需的费用，由公司承担。	
第五十一条第一款 有限责任公司设监事会，其成员不得少于三人。股东人数较少或者规模较小的有限责任公司，可以设一至二名监事，不设监事会。	**第八十三条** 规模较小或者股东人数较少的有限责任公司，可以不设监事会，设一名监事，**行使本法规定的监事会的职权；经全体股东一致同意，也可以不设监事。**	根据相关统计数据，我国4700多万家有限责任公司中，超过99%的公司属于规模较小或者股东人数较少的有限责任公司，均可适用本条规定简化公司治理结构，只设一名监事。 经全体股东一致同意，也可以径直采单层制的架构，不设监事会或监事，也不设审计委员会。
第三节 一人有限责任公司的特别规定		根据相关统计数据，全国一人有限责任公司合计超过1800万家，已经高度普遍化，本法相应删除了一人有限责任公司的专

续表

2018年《公司法》	2023年《公司法》	修订要点
		节规定，将其纳入普通有限公司的规范范畴。
第五十七条 一人有限责任公司的设立和组织机构，适用本节规定；本节没有规定的，适用本章第一节、第二节的规定。 本法所称一人有限责任公司，是指只有一个自然人股东或者一个法人股东的有限责任公司。		
第五十八条 一个自然人只能投资设立一个一人有限责任公司。该一人有限责任公司不能投资设立新的一人有限责任公司。		
第五十九条 一人有限责任公司应当在公司登记中注明自然人独资或者法人独资，并在公司营业执照中载明。		
第六十条 一人有限责任公司章程由股东制定。		

续表

2018 年《公司法》	2023 年《公司法》	修订要点
第六十一条 一人有限责任公司不设股东会。股东作出本法第三十七条第一款所列决定时，应当采用书面形式，并由股东签名后置备于公司。		
~~**第六十二条** 一人有限责任公司应当在每一会计年度终了时编制财务会计报告，并经会计师事务所审计。~~		
第六十三条 一人有限责任公司的股东不能证明公司财产独立于股东自己的财产的，应当对公司债务承担连带责任。		
第三章 有限责任公司的股权转让	**第四章 有限责任公司的股权转让**	
第七十一条 有限责任公司的股东之间可以相互转让其全部或者部分股权。 股东向股东以外的	**第八十四条** 有限责任公司的股东之间可以相互转让其全部或者部分股权。 股东向股东以外的人	本条简化了有限责任公司股东对外转让股权的规则，从“同意权+优先购买权”的双层规则调整为“优

续表

2018年《公司法》	2023年《公司法》	修订要点
人转让股权，应当~~经其他股东过半数同意。股东应就其股权转让~~事项书面通知其他股东~~征求同意~~，~~其他~~股东自接到书面通知之日起满三十日未答复的，视为~~同意转让。其他股东半数以上不同意转让的，不同意的股东应当购买该转让的股权；不购买的，视为同意转让~~。 ~~经股东同意转让的股权，~~在同等条件下~~，~~其他股东有优先购买权。两个以上股东~~主张~~行使优先购买权的，协商确定各自的购买比例；协商不成的，按照转让时各自的出资比例行使优先购买权。 公司章程对股权转让另有规定的，从其规定。	转让股权**的**，应当**将股权转让的数量、价格、支付方式和期限等**事项书面通知其他股东，其他股东在同等条件下有优先购买权。股东自接到书面通知之日起三十日内未答复的，视为**放弃优先购买权**。两个以上股东行使优先购买权的，协商确定各自的购买比例；协商不成的，按照转让时各自的出资比例行使优先购买权。 公司章程对股权转让另有规定的，从其规定。	先购买权”的单层规则。 由此，转让股东仅需要进行一次通知、其他股东可以一次行权，提高了股权转让的效率。

续表

2018 年《公司法》	2023 年《公司法》	修订要点
第七十二条 人民法院依照法律规定的强制执行程序转让股东的股权时，应当通知公司及全体股东，其他股东在同等条件下有优先购买权。其他股东自人民法院通知之日起满二十日不行使优先购买权的，视为放弃优先购买权。	**第八十五条** 人民法院依照法律规定的强制执行程序转让股东的股权时，应当通知公司及全体股东，其他股东在同等条件下有优先购买权。其他股东自人民法院通知之日起满二十日不行使优先购买权的，视为放弃优先购买权。	
	第八十六条　股东转让股权的，应当书面通知公司，请求变更股东名册；需要办理变更登记的，并请求公司向公司登记机关办理变更登记。公司拒绝或者在合理期限内不予答复的，转让人、受让人可以依法向人民法院提起诉讼。 **股权转让的，受让人自记载于股东名册时起可以向公司主张行使股东权利。**	本条新增规定股权转让后，转让人负有通知义务，公司负有变更股东名册和公司登记的义务，并赋予转让人和受让人对公司不履行该义务的诉权。 新增规定股权转让后受让人对公司主张权利的时点，明确股东名册为股权变动的标识。

续表

2018年《公司法》	2023年《公司法》	修订要点
第七十三条 依照本法~~第七十一条、第七十二条~~转让股权后，公司应当注销原股东的出资证明书，向新股东签发出资证明书，并相应修改公司章程和股东名册中有关股东及其出资额的记载。对公司章程的该项修改不需再由股东会表决。	**第八十七条** 依照本法转让股权后，公司应当**及时**注销原股东的出资证明书，向新股东签发出资证明书，并相应修改公司章程和股东名册中有关股东及其出资额的记载。对公司章程的该项修改不需再由股东会表决。	
《最高人民法院关于适用〈中华人民共和国公司法〉若干问题的规定（三）》 第十八条 有限责任公司的股东未履行或者未全面履行出资义务即转让股权，受让人对此知道或者应当知道，公司请求该股东履行出资义务、受让人对此承担连带责任的，人民法院应予支持；公司债权人依照本规定第十三条第二款向该股东提起诉	**第八十八条 股东转让已认缴出资但未届出资期限的股权的，由受让人承担缴纳该出资的义务；受让人未按期足额缴纳出资的，转让人对受让人未按期缴纳的出资承担补充责任。** **未按照公司章程规定的出资日期缴纳出资或者作为出资的非货币财产的实际价额显著低于所认缴的出资额的股东转让股权的，转让人与受让人在出资不足的范围内承担连带**	本条新增未届期股权转让后的出资责任规定，即由受让人承担，转让人承担补充责任；存在多次转让的，依次由前手转让人承担。 第2款吸收了《最高人民法院关于适用〈中华人民共和国公司法〉若干问题的规定（三）》的规定，明确瑕疵出资股权转让后的出资责任规则。

续表

2018 年《公司法》	2023 年《公司法》	修订要点
讼，同时请求前述受让人对此承担连带责任的，人民法院应予支持。 受让人根据前款规定承担责任后，向该未履行或者未全面履行出资义务的股东追偿的，人民法院应予支持。但是，当事人另有约定的除外。	**责任；受让人不知道且不应当知道存在上述情形的，由转让人承担责任。**	
第七十四条 有下列情形之一的，对股东会该项决议投反对票的股东可以请求公司按照合理的价格收购其股权： （一）公司连续五年不向股东分配利润，而公司该五年连续盈利，并且符合本法规定的分配利润条件的； （二）公司合并、分立、转让主要财产的； （三）公司章程规定的营业期限届满或者章程规定的其他解散事由出现，股东会会议通	**第八十九条** 有下列情形之一的，对股东会该项决议投反对票的股东可以请求公司按照合理的价格收购其股权： （一）公司连续五年不向股东分配利润，而公司该五年连续盈利，并且符合本法规定的分配利润条件； （二）公司合并、分立、转让主要财产； （三）公司章程规定的营业期限届满或者章程规定的其他解散事由出现，股东会通过决议修改章程使公司存续。	本条新增第 3 款，增加控股股东压迫情形下中小股东的股权回购请求权，作为中小股东的新救济措施。 新增第 4 款库存股的处理方式。

续表

2018 年《公司法》	2023 年《公司法》	修订要点
过决议修改章程使公司存续的。 自股东会会议决议通过之日起六十日内，股东与公司不能达成股权收购协议的，股东可以自股东会会议决议通过之日起九十日内向人民法院提起诉讼。	自股东会决议作出之日起六十日内，股东与公司不能达成股权收购协议的，股东可以自股东会决议作出之日起九十日内向人民法院提起诉讼。 **公司的控股股东滥用股东权利，严重损害公司或者其他股东利益的，其他股东有权请求公司按照合理的价格收购其股权。** **公司因本条第一款、第三款规定的情形收购的本公司股权，应当在六个月内依法转让或者注销。**	
第七十五条 自然人股东死亡后，其合法继承人可以继承股东资格；但是，公司章程另有规定的除外。	**第九十条** 自然人股东死亡后，其合法继承人可以继承股东资格；但是，公司章程另有规定的除外。	
第四章 股份有限公司的设立和组织机构	**第五章 股份有限公司的设立和组织机构**	
第一节 设 立	第一节 设 立	
~~**第七十六条** 设立股份有限公司，应当具~~		

续表

2018 年《公司法》	2023 年《公司法》	修订要点
~~备下列条件：~~ ~~（一）发起人符合法定人数；~~ ~~（二）有符合公司章程规定的全体发起人认购的股本总额或者募集的实收股本总额；~~ ~~（三）股份发行、筹办事项符合法律规定；~~ ~~（四）发起人制订公司章程，采用募集方式设立的经创立大会通过；~~ ~~（五）有公司名称，建立符合股份有限公司要求的组织机构；~~ ~~（六）有公司住所。~~		
第七十七条　股份有限公司~~的设立~~，可以采取发起设立或者募集设立的方式。 发起设立，是指由发起人认购公司应发行的全部股份而设立公司。 募集设立，是指由发起人认购公司应发行股份的一部分，其余股	**第九十一条**　**设立**股份有限公司，可以采取发起设立或者募集设立的方式。 发起设立，是指由发起人认购**设立**公司**时**应发行的全部股份而设立公司。 募集设立，是指由发起人认购**设立**公司**时**应发行股份的一部分，其余股	

续表

2018年《公司法》	2023年《公司法》	修订要点
份向社会公开募集或者向特定对象募集而设立公司。	份向特定对象募集或者向社会公开募集而设立公司。	
第七十八条 设立股份有限公司，应当有二人以上二百人以下为发起人，其中须有半数以上的发起人在中国境内有住所。	**第九十二条** 设立股份有限公司，应当有一人以上二百人以下为发起人，其中应当有半数以上的发起人在中华人民共和国境内有住所。	本条承认一人股份有限公司的法律地位，引入一人股份有限公司。
第七十九条 股份有限公司发起人承担公司筹办事务。 发起人应当签订发起人协议，明确各自在公司设立过程中的权利和义务。	**第九十三条** 股份有限公司发起人承担公司筹办事务。 发起人应当签订发起人协议，明确各自在公司设立过程中的权利和义务。	
	第九十四条 设立股份有限公司，应当由发起人共同制订公司章程。	本条明确股份有限公司应由发起人共同制订公司章程。
第八十一条 股份有限公司章程应当载明下列事项： （一）公司名称和住所； （二）公司经营范围；	**第九十五条** 股份有限公司章程应当载明下列事项： （一）公司名称和住所； （二）公司经营范围； （三）公司设立方式； （四）公司注册资本、	本条配套股份有限公司授权资本制、无面额股、类别股等制度修改章程的载明事项，相应修改了股份有限公司章程的法定记载事项。

续表

2018年《公司法》	2023年《公司法》	修订要点
（三）公司设立方式； （四）公司股份总数、每股金额和注册资本； （五）发起人的姓名或者名称、认购的股份数、出资方式和出资时间； （六）董事会的组成、职权和议事规则； （七）公司法定代表人； （八）监事会的组成、职权和议事规则； （九）公司利润分配办法； （十）公司的解散事由与清算办法； （十一）公司的通知和公告办法； （十二）股东大会会议认为需要规定的其他事项。	已发行的股份数和设立时发行的股份数，面额股的每股金额； （五）发行类别股的，每一类别股的股份数及其权利和义务； （六）发起人的姓名或者名称、认购的股份数、出资方式； （七）董事会的组成、职权和议事规则； （八）公司法定代表人的产生、变更办法； （九）监事会的组成、职权和议事规则； （十）公司利润分配办法； （十一）公司的解散事由与清算办法； （十二）公司的通知和公告办法； （十三）股东会认为需要规定的其他事项。	
第八十条 股份有限公司采取发起设立方式设立的，注册资本为在公	**第九十六条** 股份有限公司的注册资本为在公司登记机关登记的已发行股	本条第1款将注册资本规定为在公司登记机关登记的已发行

续表

2018年《公司法》	2023年《公司法》	修订要点
司登记机关登记的全体发起人认购的股本总额。在发起人认购的股份缴足前，不得向他人募集股份。 股份有限公司采取募集方式设立的，注册资本为在公司登记机关登记的实收股本总额。 法律、行政法规以及国务院决定对股份有限公司注册资本实缴、注册资本最低限额另有规定的，从其规定。	份的股本总额。在发起人认购的股份缴足前，不得向他人募集股份。 法律、行政法规以及国务院决定对股份有限公司注册资本最低限额另有规定的，从其规定。	股份的股本总额，以适应授权资本制的引入； 第2款删除了“资本实缴”的规定，本法已有规定而无需另作规定，以适应股份有限公司改采实缴制的改革。
第八十二条 发起人的出资方式，适用本法第二十七条的规定。 **第八十三条** 以发起设立方式设立股份有限公司的，发起人应当书面认足公司章程规定其认购的股份，并按照公司章程规定缴纳出资。以非货币财产出资的，应当依法办理其财产权的转移手续。	**第九十七条** 以发起设立方式设立股份有限公司的，发起人应当认足公司章程规定的公司设立时应发行的股份。 以募集设立方式设立股份有限公司的，发起人认购的股份不得少于公司章程规定的公司设立时应发行股份总数的百分之三十五；但是，法律、行政法规另有规定的，从其规定。	与授权资本制的引入相适应，第97条将2018年《公司法》第83条中发起人认购的基数从“公司章程规定其认购的股份”修改为“公司章程规定的公司设立时应发行的股份”。 第98条明确将发起设立的股份有限公司的资本缴纳制度调

续表

2018年《公司法》	2023年《公司法》	修订要点
发起人不依照前款规定缴纳出资的，应当按照发起人协议承担违约责任。 发起人认足公司章程规定的出资后，应当选举董事会和监事会，由董事会向公司登记机关报送公司章程以及法律、行政法规规定的其他文件，申请设立登记。 **第八十四条**　以募集设立方式设立股份有限公司的，发起人认购的股份不得少于公司股份总数的百分之三十五；但是，法律、行政法规另有规定的，从其规定。	**第九十八条**　发起人应当在公司成立前按照其认购的股份全额缴纳股款。 发起人的出资，适用本法第四十八条、第四十九条第二款关于有限责任公司股东出资的规定。	整为实缴制。加之第103条规定的“应当自公司设立时应发行股份的股款缴足之日起三十日内召开公司成立大会”，由此明确了募集设立时股款实缴的要求，共同构成了股份有限公司设立阶段的实缴制度。 在增资发行股份情形下，本法第228条第2款通过引致设立阶段的规则，也适用实缴制。
第九十三条　股份有限公司成立后，发起人未按照公司章程的规定缴足出资的，应当补缴；其他发起人承担连带责任。 股份有限公司成立后，发现作为设立公司出资的非货币财产的实	**第九十九条**　发起人不按照其认购的股份缴纳股款，或者作为出资的非货币财产的实际价额显著低于所认购的股份的，其他发起人与该发起人在出资不足的范围内承担连带责任。	

续表

2018 年《公司法》	2023 年《公司法》	修订要点
际价额显著低于公司章程所定价额的，应当由交付该出资的发起人补足其差额；其他发起人承担连带责任。		
第八十五条 发起人向社会公开募集股份，必须公告招股说明书，并制作认股书。认股书应当载明本法第八十六条所列事项，由认股人填写认购股数、金额、住所，并签名、盖章。认股人按照所认购股数缴纳股款。	**第一百条** 发起人向社会公开募集股份，应当公告招股说明书，并制作认股书。认股书应当载明本法第一百五十四条第二款、第三款所列事项，由认股人填写认购的股份数、金额、住所，并签名或者盖章。认股人应当按照所认购股份足额缴纳股款。	
第八十九条第一款 发行股份的股款缴足后，必须经依法设立的验资机构验资并出具证明。发起人应当自股款缴足之日起三十日内主持召开公司创立大会。创立大会由发起人、认股人组成。	**第一百零一条** 向社会公开募集股份的股款缴足后，应当经依法设立的验资机构验资并出具证明。	本条将需要验资的情形明确为“向社会公开募集股份”。
第一百三十条 公司发行记名股票的，应当	**第一百零二条** 股份有限公司应当制作股东名	本条与取消无记名股票相适应，本条删

续表

2018 年《公司法》	2023 年《公司法》	修订要点
置备股东名册，记载下列事项： （一）股东的姓名或者名称及住所； （二）各股东所持股份数； （三）各股东所持股票的编号； （四）各股东取得股份的日期。 发行无记名股票的，公司应当记载其股票数量、编号及发行日期。	册并置备于公司。股东名册应当记载下列事项： （一）股东的姓名或者名称及住所； （二）各股东所认购的股份种类及股份数； （三）发行纸面形式的股票的，股票的编号； （四）各股东取得股份的日期。	除无记名股票的相关规定。
第八十九条第一款 发行股份的股款缴足后，必须经依法设立的验资机构验资并出具证明。发起人应当自股款缴足之日起三十日内主持召开公司创立大会。创立大会由发起人、认股人组成。 **第九十条第一款** 发起人应当在创立大会召开十五日前将会议日期通知各认股人或者予	**第一百零三条** 募集设立股份有限公司的发起人应当自公司设立时应发行股份的股款缴足之日起三十日内召开公司成立大会。发起人应当在成立大会召开十五日前将会议日期通知各认股人或者予以公告。成立大会应当有持有表决权过半数的认股人出席，方可举行。 以发起设立方式设立股份有限公司成立大会的	调整“创立大会”为“成立大会”，并明确发起设立的股份有限公司成立大会按公司章程或者发起人协议召开。 此外，本条第 1 款关于股款缴足的规定，明确了募集设立股份有限公司时股款缴纳的实缴制。

续表

2018 年《公司法》	2023 年《公司法》	修订要点
以公告。创立大会应有代表股份总数过半数的发起人、认股人出席，方可举行。	召开和表决程序由公司章程或者发起人协议规定。	
第九十条第二款、第三款 创立大会行使下列职权： （一）审议发起人关于公司筹办情况的报告； （二）通过公司章程； （三）选举董事会成员； （四）选举监事会成员； （五）对公司的设立费用进行审核； （六）对发起人用于抵作股款的财产的作价进行审核； （七）发生不可抗力或者经营条件发生重大变化直接影响公司设立的，可以作出不设立公司的决议。 创立大会对前款所列事项作出决议，必须	**第一百零四条** 公司成立大会行使下列职权： （一）审议发起人关于公司筹办情况的报告； （二）通过公司章程； （三）选举董事、监事； （四）对公司的设立费用进行审核； （五）对发起人非货币财产出资的作价进行审核； （六）发生不可抗力或者经营条件发生重大变化直接影响公司设立的，可以作出不设立公司的决议。 成立大会对前款所列事项作出决议，应当经出席会议的认股人所持表决权过半数通过。	

续表

2018 年《公司法》	2023 年《公司法》	修订要点
经出席会议的认股人所持表决权过半数通过。		
第八十九条第二款 发行的股份超过招股说明书规定的截止期限尚未募足的，或者发行股份的股款缴足后，发起人在三十日内未召开创立大会的，认股人可以按照所缴股款并加算银行同期存款利息，要求发起人返还。 **第九十一条** 发起人、认股人缴纳股款或者交付抵作股款的出资后，除未按期募足股份、发起人未按期召开创立大会或者创立大会决议不设立公司的情形外，不得抽回其股本。	**第一百零五条** 公司设立时应发行的股份未募足，或者发行股份的股款缴足后，发起人在三十日内未召开成立大会的，认股人可以按照所缴股款并加算银行同期存款利息，要求发起人返还。 发起人、认股人缴纳股款或者交付非货币财产出资后，除未按期募足股份、发起人未按期召开成立大会或者成立大会决议不设立公司的情形外，不得抽回其股本。	
第九十二条 董事会应于创立大会结束后三十日内，向公司登记机关报送下列文件，申请设立登记： （一）公司登记申	**第一百零六条** 董事会应当授权代表，于公司成立大会结束后三十日内向公司登记机关申请设立登记。	

续表

2018 年《公司法》	2023 年《公司法》	修订要点
~~请书；~~ ~~（二）创立大会的会议记录；~~ ~~（三）公司章程；~~ ~~（四）验资证明；~~ ~~（五）法定代表人、董事、监事的任职文件及其身份证明；~~ ~~（六）发起人的法人资格证明或者自然人身份证明；~~ ~~（七）公司住所证明~~。 ~~以募集方式设立股份有限公司公开发行股票的，还应当向公司登记机关报送国务院证券监督管理机构的核准文件~~。		
~~**第九十四条** 股份有限公司的发起人应当承担下列责任：~~ ~~（一）公司不能成立时，对设立行为所产生的债务和费用负连带责任；~~ ~~（二）公司不能成立时，对认股人已缴纳的股款，负返还股款并加算银~~		

续表

2018年《公司法》	2023年《公司法》	修订要点
~~行同期存款利息的连带责任；~~ ~~（三）在公司设立过程中，由于发起人的过失致使公司利益受到损害的，应当对公司承担赔偿责任。~~		
	第一百零七条 本法第四十四条、第四十九条第三款、第五十一条、第五十二条、第五十三条的规定，适用于股份有限公司。	本条明确公司设立中的相关民事责任、股东未出资和瑕疵出资的赔偿责任、催缴失权制度、股东抽逃出资的责任及董监高的连带责任适用于股份有限公司。
第九十五条 有限责任公司变更为股份有限公司时，折合的实收股本总额不得高于公司净资产额。有限责任公司变更为股份有限公司，为增加资本公开发行股份时，应当依法办理。	**第一百零八条** 有限责任公司变更为股份有限公司时，折合的实收股本总额不得高于公司净资产额。有限责任公司变更为股份有限公司，为增加注册资本公开发行股份时，应当依法办理。	
第九十六条 股份有限公司应当将公司章程、股东名册、公司债	**第一百零九条** 股份有限公司应当将公司章程、股东名册、股东会会议记	本条新增债券持有人名册为股份有限公司应当置备于公司的

续表

2018 年《公司法》	2023 年《公司法》	修订要点
券存根、股东大会会议记录、董事会会议记录、监事会会议记录、财务会计报告置备于本公司。	录、董事会会议记录、监事会会议记录、财务会计报告、债券持有人名册置备于本公司。	文件。
第九十七条 股东有权查阅公司章程、股东名册、公司债券存根、股东大会会议记录、董事会会议决议、监事会会议决议、财务会计报告，对公司的经营提出建议或者质询。	**第一百一十条** 股东有权查阅、复制公司章程、股东名册、股东会会议记录、董事会会议决议、监事会会议决议、财务会计报告，对公司的经营提出建议或者质询。 连续一百八十日以上单独或者合计持有公司百分之三以上股份的股东要求查阅公司的会计账簿、会计凭证的，适用本法第五十七条第二款、第三款、第四款的规定。公司章程对持股比例有较低规定的，从其规定。 股东要求查阅、复制公司全资子公司相关材料的，适用前两款的规定。 上市公司股东查阅、复制相关材料的，应当遵守《中华人民共和国证券法》等法律、行政法规的规定。	本条明确股份有限公司的股东享有复制公司章程、股东名册、股东会会议记录、董事会会议决议、监事会会议决议、财务会计报告的权利； 新增股份有限公司股东查阅公司会计账簿、会计凭证的准用规则及其条件； 新增股份有限公司股东对全资子公司相关材料享有查阅、复制权的规定，以配合本法第 189 条规定的股东双重代表诉讼； 新增上市公司股东查阅、复制权的引致规定。

续表

2018 年《公司法》	2023 年《公司法》	修订要点
第二节　股东大会	第二节　股东会	
第九十八条　股份有限公司股东大会由全体股东组成。股东大会是公司的权力机构，依照本法行使职权。	**第一百一十一条**　股份有限公司股东会由全体股东组成。股东会是公司的权力机构，依照本法行使职权。	将公司权力机构的称谓统一为"股东会"，不再区分"股东会"与"股东大会"。
第九十九条　本法第~~三十七条第一款~~关于有限责任公司股东会职权的规定，适用于股份有限公司股东大会。	**第一百一十二条**　本法第五十九条第一款、第二款关于有限责任公司股东会职权的规定，适用于股份有限公司股东会。 本法第六十条关于只有一个股东的有限责任公司不设股东会的规定，适用于只有一个股东的股份有限公司。	
第一百条　股东大会应当每年召开一次年会。有下列情形之一的，应当在两个月内召开临时股东大会： （一）董事人数不足本法规定人数或者公司章程所定人数的三分之二时； （二）公司未弥补的	**第一百一十三条**　股东会应当每年召开一次年会。有下列情形之一的，应当在两个月内召开临时股东会会议： （一）董事人数不足本法规定人数或者公司章程所定人数的三分之二时； （二）公司未弥补的亏损达股本总额三分之一时；	

续表

2018 年《公司法》	2023 年《公司法》	修订要点
亏损达实收股本总额三分之一时； （三）单独或者合计持有公司百分之十以上股份的股东请求时； （四）董事会认为必要时； （五）监事会提议召开时； （六）公司章程规定的其他情形。	（三）单独或者合计持有公司百分之十以上股份的股东请求时； （四）董事会认为必要时； （五）监事会提议召开时； （六）公司章程规定的其他情形。	
第一百零一条 股东大会会议由董事会召集，董事长主持；董事长不能履行职务或者不履行职务的，由副董事长主持；副董事长不能履行职务或者不履行职务的，由半数以上董事共同推举一名董事主持。 董事会不能履行或者不履行召集股东大会会议职责的，监事会应当及时召集和主持；监事会不召集和主持的，连续九十日以上单独或	**第一百一十四条** 股东会会议由董事会召集，董事长主持；董事长不能履行职务或者不履行职务的，由副董事长主持；副董事长不能履行职务或者不履行职务的，由过半数的董事共同推举一名董事主持。 董事会不能履行或者不履行召集股东会会议职责的，监事会应当及时召集和主持；监事会不召集和主持的，连续九十日以上单独或者合计持有公司	本条第 3 款新增董事会、监事会对股东请求召开临时股东会会议的答复规则，即在收到请求之日起十日内作出是否召开临时股东会会议的决定并书面答复股东，旨在确保股东能够及时自行召集。该规定有助于避免临时股东会会议的召集权纠纷，减少因召集临时股东会会议所产生的争议。

续表

2018年《公司法》	2023年《公司法》	修订要点
者合计持有公司百分之十以上股份的股东可以自行召集和主持。	百分之十以上股份的股东可以自行召集和主持。 **单独或者合计持有公司百分之十以上股份的股东请求召开临时股东会会议的，董事会、监事会应当在收到请求之日起十日内作出是否召开临时股东会会议的决定，并书面答复股东。**	
第一百零二条 召开股东大会会议，应当将会议召开的时间、地点和审议的事项于会议召开二十日前通知各股东；临时股东大会应当于会议召开十五日前通知各股东~~；发行无记名股票的，应当于会议召开三十日前公告会议召开的时间、地点和审议事项~~。 单独或者合计持有公司百分之三以上股份的股东，可以在股东大会召开十日前提出临时提	**第一百一十五条** 召开股东会会议，应当将会议召开的时间、地点和审议的事项于会议召开二十日前通知各股东；临时股东会会议应当于会议召开十五日前通知各股东。 单独或者合计持有公司百分之一以上股份的股东，可以在股东会会议召开十日前提出临时提案并书面提交董事会。临时提案应当有明确议题和具体决议事项。董事会应当在收到提案后二日内通知其他股东，并将该临时提案提交股东会审议；	本条第2款降低提出临时提案股东的持股比例要求，从百分之三降低为百分之一，更有利于中小股东权益保护； 第2款新增临时提案的内容限制，且明确规定公司不得提高提出临时提案股东的持股比例，仅可以降低该持股比例的要求； 第3款新增公开发行股份公司公告通知的要求。

续表

2018 年《公司法》	2023 年《公司法》	修订要点
案并书面提交董事会~~；~~董事会应当在收到提案后二日内通知其他股东，并将该临时提案提交股东~~大~~会审议~~。~~临时提案的内容应当属于股东大会职权范围，并有明确议题和具体决议事项。 股东~~大~~会不得对~~前两款~~通知中未列明的事项作出决议。 ~~无记名股票持有人出席股东大会会议的，应当于会议召开五日前至股东大会闭会时将股票交存于公司~~。	**但临时提案违反法律、行政法规或者公司章程的规定，或者不属于**股东会职权范围的除外。**公司不得提高提出临时提案股东的持股比例。** **公开发行股份的公司，应当以公告方式作出前两款规定的通知。** 股东会不得对通知中未列明的事项作出决议。	
第一百零三条　股东出席股东~~大~~会会议，所持每一股份有一表决权。~~但是，~~公司持有的本公司股份没有表决权。 股东~~大~~会作出决议，~~必须~~经出席会议的股东所持表决权过半数通过。~~但是，~~股东~~大~~会作出修改公司章程、增加或者减	**第一百一十六条**　股东出席股东会会议，所持每一股份有一表决权**，类别股股东除外**。公司持有的本公司股份没有表决权。 股东会作出决议，**应当**经出席会议的股东所持表决权过半数通过。 股东会作出修改公司章程、增加或者减少注册	本条配套规定了类别股股东所持表决权的例外规则。

续表

2018年《公司法》	2023年《公司法》	修订要点
少注册资本的决议，以及公司合并、分立、解散或者变更公司形式的决议，必须经出席会议的股东所持表决权的三分之二以上通过。	资本的决议，以及公司合并、分立、解散或者变更公司形式的决议，应当经出席会议的股东所持表决权的三分之二以上通过。	
~~**第一百零四条** 本法和公司章程规定公司转让、受让重大资产或者对外提供担保等事项必须经股东大会作出决议的，董事会应当及时召集股东大会会议，由股东大会就上述事项进行表决。~~		
第一百零五条 股东大会选举董事、监事，可以依照公司章程的规定或者股东大会的决议，实行累积投票制。 本法所称累积投票制，是指股东大会选举董事或者监事时，每一股份拥有与应选董事或者监事人数相同的表决权，股东拥有的表决权可以集中使用。	**第一百一十七条** 股东会选举董事、监事，可以按照公司章程的规定或者股东会的决议，实行累积投票制。 本法所称累积投票制，是指股东会选举董事或者监事时，每一股份拥有与应选董事或者监事人数相同的表决权，股东拥有的表决权可以集中使用。	

续表

2018 年《公司法》	2023 年《公司法》	修订要点
第一百零六条 股东可以委托代理人出席股东大会会议，代理人应当向公司提交股东授权委托书，并在授权范围内行使表决权。	**第一百一十八条** 股东委托代理人出席股东会会议**的，应当明确代理人代理的事项、权限和期限；**代理人应当向公司提交股东授权委托书，并在授权范围内行使表决权。	本条新增股东委托代理人出席股东会会议时委托书应明确的内容。
第一百零七条 股东大会应当对所议事项的决定作成会议记录，主持人、出席会议的董事应当在会议记录上签名。会议记录应当与出席股东的签名册及代理出席的委托书一并保存。	**第一百一十九条** 股东会应当对所议事项的决定作成会议记录，主持人、出席会议的董事应当在会议记录上签名。会议记录应当与出席股东的签名册及代理出席的委托书一并保存。	
第三节　董事会、经理	第三节　董事会、经理	
第一百零八条 股份有限公司设董事会，其成员为五人至十九人。 董事会成员中可以有公司职工代表。董事会中的职工代表由公司职工通过职工代表大会、职工大会或者其他形式民主选举产生。	**第一百二十条** 股份有限公司设董事会，**本法第一百二十八条另有规定的除外**。 本法**第六十七条、第六十八条第一款、第七十条、第七十一条**的规定，适用于股份有限公司。	本条删除股份有限公司董事会成员人数的上限（19 人），将下限（5 人）降低到 3 人，以适应股份有限公司小型化发展特点。

续表

2018年《公司法》	2023年《公司法》	修订要点
本法第四十五条关于有限责任公司董事任期的规定，适用于股份有限公司董事。 本法第四十六条关于有限责任公司董事会职权的规定，适用于股份有限公司董事会。		
	第一百二十一条　股份有限公司可以按照公司章程的规定在董事会中设置由董事组成的审计委员会，行使本法规定的监事会的职权，不设监事会或者监事。 **审计委员会成员为三名以上，过半数成员不得在公司担任除董事以外的其他职务，且不得与公司存在任何可能影响其独立客观判断的关系。公司董事会成员中的职工代表可以成为审计委员会成员。** **审计委员会作出决议，应当经审计委员会成员的过半数通过。** **审计委员会决议的表**	本条新增股份有限公司可以选设单层制的治理结构，并明确审计委员会的人数要求、成员组成、表决机制等规则； 新增允许公司按照章程在董事会中设置其他委员会的规定。 审计委员会为全面承接监督职权的机构，其虽然是董事会的内设机构，但是具有法定的独立性，在监督职权范围内行事不受其他机构的干涉。

续表

2018 年《公司法》	2023 年《公司法》	修订要点
	决，应当一人一票。 **审计委员会的议事方式和表决程序，除本法有规定的外，由公司章程规定。** **公司可以按照公司章程的规定在董事会中设置其他委员会。**	
第一百零九条 董事会设董事长一人，可以设副董事长。董事长和副董事长由董事会以全体董事的过半数选举产生。 董事长召集和主持董事会会议，检查董事会决议的实施情况。副董事长协助董事长工作，董事长不能履行职务或者不履行职务的，由副董事长履行职务；副董事长不能履行职务或者不履行职务的，由半数~~以上~~董事共同推举一名董事履行职务。	**第一百二十二条** 董事会设董事长一人，可以设副董事长。董事长和副董事长由董事会以全体董事的过半数选举产生。 董事长召集和主持董事会会议，检查董事会决议的实施情况。副董事长协助董事长工作，董事长不能履行职务或者不履行职务的，由副董事长履行职务；副董事长不能履行职务或者不履行职务的，由**过**半数**的**董事共同推举一名董事履行职务。	
第一百一十条 董事会每年度至少召开两次会议，每次会议应当于	**第一百二十三条** 董事会每年度至少召开两次会议，每次会议应当于会	

续表

2018年《公司法》	2023年《公司法》	修订要点
会议召开十日前通知全体董事和监事。 代表十分之一以上表决权的股东、三分之一以上董事或者监事会，可以提议召开董事会临时会议。董事长应当自接到提议后十日内，召集和主持董事会会议。 董事会召开临时会议，可以另定召集董事会的通知方式和通知时限。	议召开十日前通知全体董事和监事。 代表十分之一以上表决权的股东、三分之一以上董事或者监事会，可以提议召开临时董事会会议。董事长应当自接到提议后十日内，召集和主持董事会会议。 董事会召开临时会议，可以另定召集董事会的通知方式和通知时限。	
第一百一十一条 董事会会议应有过半数的董事出席方可举行。董事会作出决议，必须经全体董事的过半数通过。 董事会决议的表决，实行一人一票。 **第一百一十二条第二款** 董事会应当对会议所议事项的决定作成会议记录，出席会议的董事应当在会议记录上签名。	**第一百二十四条** 董事会会议应当有过半数的董事出席方可举行。董事会作出决议，应当经全体董事的过半数通过。 董事会决议的表决，应当一人一票。 董事会应当对所议事项的决定作成会议记录，出席会议的董事应当在会议记录上签名。	

续表

2018 年《公司法》	2023 年《公司法》	修订要点
第一百一十二条 董事会会议，应由董事本人出席；董事因故不能出席，可以书面委托其他董事代为出席，委托书中应载明授权范围。 董事会应当对会议所议事项的决定作成会议记录，出席会议的董事应当在会议记录上签名。 董事应当对董事会的决议承担责任。董事会的决议违反法律、行政法规或者公司章程、股东大会决议，致使公司遭受严重损失的，参与决议的董事对公司负赔偿责任。但经证明在表决时曾表明异议并记载于会议记录的，该董事可以免除责任。	**第一百二十五条** 董事会会议，应当由董事本人出席；董事因故不能出席，可以书面委托其他董事代为出席，委托书应当载明授权范围。 董事应当对董事会的决议承担责任。董事会的决议违反法律、行政法规或者公司章程、股东会决议，给公司造成严重损失的，参与决议的董事对公司负赔偿责任；经证明在表决时曾表明异议并记载于会议记录的，该董事可以免除责任。	
第一百一十三条 股份有限公司设经理，由董事会决定聘任或者解聘。	**第一百二十六条** 股份有限公司设经理，由董事会决定聘任或者解聘。 经理对董事会负责，	本条明确股份有限公司的经理职权由公司章程或董事会授予。

续表

2018 年《公司法》	2023 年《公司法》	修订要点
~~本法第四十九条关于有限责任公司经理职权的规定，适用于股份有限公司经理。~~	**根据公司章程的规定或者董事会的授权行使职权。经理列席董事会会议。**	
第一百一十四条 公司董事会可以决定由董事会成员兼任经理。	**第一百二十七条** 公司董事会可以决定由董事会成员兼任经理。	
	第一百二十八条 规模较小或者股东人数较少的股份有限公司，可以不设董事会，设一名董事，行使本法规定的董事会的职权。该董事可以兼任公司经理。	本条顺应股份有限公司小型化的发展特点，新增规模较小或股东人数较少的股份有限公司可不设董事会而仅设一名董事的规定； 明确该董事可以兼任公司经理。
~~**第一百一十五条** 公司不得直接或者通过子公司向董事、监事、高级管理人员提供借款。~~		
第一百一十六条 公司应当定期向股东披露董事、监事、高级管理人员从公司获得报酬的情况。	**第一百二十九条** 公司应当定期向股东披露董事、监事、高级管理人员从公司获得报酬的情况。	

续表

2018 年《公司法》	2023 年《公司法》	修订要点
第四节　监事会	第四节　监事会	
第一百一十七条　股份有限公司设监事会，其成员不得少于三人。 监事会应当包括股东代表和适当比例的公司职工代表，其中职工代表的比例不得低于三分之一，具体比例由公司章程规定。监事会中的职工代表由公司职工通过职工代表大会、职工大会或者其他形式民主选举产生。 监事会设主席一人，可以设副主席。监事会主席和副主席由全体监事过半数选举产生。监事会主席召集和主持监事会会议；监事会主席不能履行职务或者不履行职务的，由监事会副主席召集和主持监事会会议；监事会副主席不能履行职务或者不履行职务的，由半数以上监	**第一百三十条**　股份有限公司设监事会，本法第一百二十一条第一款、第一百三十三条另有规定的除外。 监事会成员为三人以上。监事会成员应当包括股东代表和适当比例的公司职工代表，其中职工代表的比例不得低于三分之一，具体比例由公司章程规定。监事会中的职工代表由公司职工通过职工代表大会、职工大会或者其他形式民主选举产生。 监事会设主席一人，可以设副主席。监事会主席和副主席由全体监事过半数选举产生。监事会主席召集和主持监事会会议；监事会主席不能履行职务或者不履行职务的，由监事会副主席召集和主持监事会会议；监事会副主席不能履行职务或者不履行职务的，由过半数的监事	

续表

2018年《公司法》	2023年《公司法》	修订要点
事共同推举一名监事召集和主持监事会会议。 董事、高级管理人员不得兼任监事。 本法第五十二条关于有限责任公司监事任期的规定，适用于股份有限公司监事。	共同推举一名监事召集和主持监事会会议。 董事、高级管理人员不得兼任监事。 本法第七十七条关于有限责任公司监事任期的规定，适用于股份有限公司监事。	
第一百一十八条 本法第五十三条、第五十四事会职权的规定，适用于股份有限公司监事会。 监事会行使职权所必需的费用，由公司承担。	**第一百三十一条** 本法第七十八条至第八十条的规定，适用于股份有限公司监事会。 监事会行使职权所必需的费用，由公司承担。	
第一百一十九条 监事会每六个月至少召开一次会议。监事可以提议召开临时监事会会议。 监事会的议事方式和表决程序，除本法有规定的外，由公司章程规定。 监事会决议应当经半数以上监事通过。	**第一百三十二条** 监事会每六个月至少召开一次会议。监事可以提议召开临时监事会会议。 监事会的议事方式和表决程序，除本法有规定的外，由公司章程规定。 监事会决议应当经**全体监事的过**半数通过。 **监事会决议的表决，应当一人一票。**	本条明确监事会表决应采用一人一票的表决机制。

续表

2018 年《公司法》	2023 年《公司法》	修订要点
监事会应当对所议事项的决定作成会议记录，出席会议的监事应当在会议记录上签名。	监事会应当对所议事项的决定作成会议记录，出席会议的监事应当在会议记录上签名。	
	第一百三十三条　规模较小或者股东人数较少的股份有限公司，可以不设监事会，设一名监事，行使本法规定的监事会的职权。	本条新增规模较小或股东人数较少的股份有限公司可不设监事会而仅设一名监事的规定。 与有限责任公司不同，本法第 83 条允许有限责任公司进一步简化，不设监事；而根据本条规定，股份有限公司简化后也应至少设置一名监事。
第五节　上市公司组织机构的特别规定	第五节　上市公司组织机构的特别规定	
第一百二十条　本法所称上市公司，是指其股票在证券交易所上市交易的股份有限公司。	**第一百三十四条**　本法所称上市公司，是指其股票在证券交易所上市交易的股份有限公司。	
第一百二十一条　上市公司在一年内购买、	**第一百三十五条**　上市公司在一年内购买、出售	

续表

2018年《公司法》	2023年《公司法》	修订要点
出售重大资产或者担保金额超过公司资产总额百分之三十的，应当由股东大会作出决议，并经出席会议的股东所持表决权的三分之二以上通过。	重大资产或者向他人提供担保的金额超过公司资产总额百分之三十的，应当由股东会作出决议，并经出席会议的股东所持表决权的三分之二以上通过。	
第一百二十二条 上市公司设独立董事，具体办法由国务院规定。	**第一百三十六条** 上市公司设独立董事，具体管理办法由国务院证券监督管理机构规定。 上市公司的公司章程除载明本法第九十五条规定的事项外，还应当依照法律、行政法规的规定载明董事会专门委员会的组成、职权以及董事、监事、高级管理人员薪酬考核机制等事项。	本条明确上市公司设独立董事的具体管理办法由国务院证券监督管理机构规定，具体可参见中国证券监督管理委员会《上市公司独立董事管理办法》（2023年）。 新增上市公司章程应载明的法定记载事项。
	第一百三十七条 上市公司在董事会中设置审计委员会的，董事会对下列事项作出决议前应当经审计委员会全体成员过半数通过： （一）聘用、解聘承办	本条新增上市公司审计委员会有权对有关财务和审计工作等四类决议事项作出前置性批准的规定。 本条所规定的审计委员会职权，是穿

续表

2018年《公司法》	2023年《公司法》	修订要点
	公司审计业务的会计师事务所； **（二）聘任、解聘财务负责人；** **（三）披露财务会计报告；** **（四）国务院证券监督管理机构规定的其他事项。**	越单层制和双层制的规定，即无论是单层制下的审计委员会，还是双层制下的审计委员会（如上市公司已经设置的狭义的"审计委员会"），均须遵守本条规定。
第一百二十三条 上市公司设董事会秘书，负责公司股东大会和董事会会议的筹备、文件保管以及公司股东资料的管理，办理信息披露事务等事宜。	**第一百三十八条** 上市公司设董事会秘书，负责公司股东会和董事会会议的筹备、文件保管以及公司股东资料的管理，办理信息披露事务等事宜。	
第一百二十四条 上市公司董事与董事会会议决议事项所涉及的企业有关联关系的，不得对该项决议行使表决权，也不得代理其他董事行使表决权。该董事会会议由过半数的无关联关系董事出席即可举行，董事会会议所作决议须经无关联关系董事	**第一百三十九条** 上市公司董事与董事会会议决议事项所涉及的企业**或者个人**有关联关系的，**该董事应当及时向董事会书面报告。有关联关系的董事**不得对该项决议行使表决权，也不得代理其他董事行使表决权。该董事会会议由过半数的无关联关系董事出席即可举行，董	本条新增上市公司关联董事对关联事项的报告义务。

续表

2018年《公司法》	2023年《公司法》	修订要点
过半数通过。出席董事会的无关联关系董事人数不足三人的，应将该事项提交上市公司股东大会审议。	事会会议所作决议须经无关联关系董事过半数通过。出席董事会会议的无关联关系董事人数不足三人的，应当将该事项提交上市公司股东会审议。	
	第一百四十条　上市公司应当依法披露股东、实际控制人的信息，相关信息应当真实、准确、完整。 **禁止违反法律、行政法规的规定代持上市公司股票。**	本条第1款新增上市公司披露股东和实际控制人信息的义务。 第2款新增禁止违反法律、行政法规代持上市公司股票的规定。根据本款规定，代持原则有效，但违反导致无效的法律、行政法规规定以及公序良俗的除外。具体适用应结合《最高人民法院关于适用〈中华人民共和国〉合同编通则若干问题的解释》第16条和第17条的规定。
	第一百四十一条　上市公司控股子公司不得取	本条新增上市公司控股子公司不得取得

续表

2018年《公司法》	2023年《公司法》	修订要点
	得该上市公司的股份。 上市公司控股子公司因公司合并、质权行使等原因持有上市公司股份的，不得行使所持股份对应的表决权，并应当及时处分相关上市公司股份。	该上市公司股份的限制，及控股子公司因特定原因持股的处置规则。
第五章　股份有限公司的股份发行和转让	**第六章　股份有限公司的股份发行和转让**	
第一节　股份发行	第一节　股份发行	
第一百二十五条第一款　~~股份有限~~公司的资本划分为股份，每一股的金额相等。	**第一百四十二条**　公司的资本划分为股份。公司的全部股份，根据公司章程的规定择一采用面额股或者无面额股。采用面额股的，每一股的金额相等。 公司可以根据公司章程的规定将已发行的面额股全部转换为无面额股或者将无面额股全部转换为面额股。 采用无面额股的，应当将发行股份所得股款的二分之一以上计入注册资本。	本条新增无面额股制度。 第1款采用了择一采用的立法模式，即公司可以选择面额股或无面额的一种，不能同时采用。 第2款规定了面额股与无面额股之间的转换，并且未设定转换次数限制。 第3款规定了发行无面额股时注册资本的计算规则。

续表

2018年《公司法》	2023年《公司法》	修订要点
第一百二十六条 股份的发行，实行公平、公正的原则，同种类的每一股份应当具有同等权利。 同次发行的同种类股票，每股的发行条件和价格应当相同；~~任何单位或者个人~~所认购的股份，每股应当支付相同价额。	**第一百四十三条** 股份的发行，实行公平、公正的原则，同类别的每一股份应当具有同等权利。 同次发行的同类别股份，每股的发行条件和价格应当相同；**认购人**所认购的股份，每股应当支付相同价额。	
~~**第一百三十一条** 国务院可以对公司发行本法规定以外的其他种类的股份，另行作出规定。~~	**第一百四十四条** **公司可以按照公司章程的规定发行下列与普通股权利不同的类别股：** **（一）优先或者劣后分配利润或者剩余财产的股份；** **（二）每一股的表决权数多于或者少于普通股的股份；** **（三）转让须经公司同意等转让受限的股份；** **（四）国务院规定的其他类别股。** **公开发行股份的公司不得发行前款第二项、第三项规定的类别股；公开发行前已发行的除外。**	本条新增类别股制度。 第1款规定了类别股的类型，常见的类别股有优先股、劣后股、复数表决权股、转让受限股。 第2款规定了类别股的发行限制。 第3款规定了类别股的表决权恢复机制。

续表

2018 年《公司法》	2023 年《公司法》	修订要点
	公司发行本条第一款第二项规定的类别股的，对于监事或者审计委员会成员的选举和更换，类别股与普通股每一股的表决权数相同。	
	第一百四十五条　发行类别股的公司，应当在公司章程中载明以下事项： （一）类别股分配利润或者剩余财产的顺序； （二）类别股的表决权数； （三）类别股的转让限制； （四）保护中小股东权益的措施； （五）股东会认为需要规定的其他事项。	本条新增股份有限公司发行类别股时公司章程应当记载的相关事项。
	第一百四十六条　发行类别股的公司，有本法第一百一十六条第三款规定的事项等可能影响类别股股东权利的，除应当依照第一百一十六条第三款的规定经股东会决议外，还应当经出席类别股股东	本条新增类别股股东的分类表决制度。 第 1 款规定了需分类表决的法定事项及其表决程序。分类表决是指在普通股股东会之外，另行召集类别股股东会，或与普

续表

2018年《公司法》	2023年《公司法》	修订要点
	会议的股东所持表决权的三分之二以上通过。 公司章程可以对需经类别股股东会议决议的其他事项作出规定。	通股股东共同开会但进行单独表决、计票的表决形式。 第2款规定，公司章程可以规定分类表决的其他事项。
第一百二十五条第二款 公司的股份采取股票的形式。股票是公司签发的证明股东所持股份的凭证。 **第一百二十九条** 公司发行的股票，~~可以~~为记名股票~~，也可以为无记名股票~~。 ~~公司向发起人、法人发行的股票，应当为记名股票，并应当记载该发起人、法人的名称或者姓名，不得另立户名或者以代表人姓名记名。~~	**第一百四十七条** 公司的股份采取股票的形式。股票是公司签发的证明股东所持股份的凭证。 公司发行的股票，应当为记名股票。	本条为落实反洗钱法的相关要求，删除公司可发行无记名股票的规定。
第一百二十七条 股票发行价格可以按票面金额，也可以超过票面金额，但不得低于票面金额。	**第一百四十八条** 面额股股票的发行价格可以按票面金额，也可以超过票面金额，但不得低于票面金额。	

续表

2018年《公司法》	2023年《公司法》	修订要点
第一百二十八条 股票采用纸面形式或者国务院证券监督管理机构规定的其他形式。 股票应当载明下列主要事项： （一）公司名称； （二）公司成立日期； （三）股票种类、票面金额及代表的股份数； （四）股票的编号。 股票由法定代表人签名，公司盖章。 发起人的股票，应当标明发起人股票字样。	**第一百四十九条** 股票采用纸面形式或者国务院证券监督管理机构规定的其他形式。 股票采用纸面形式的，应当载明下列主要事项： （一）公司名称； （二）公司成立日期或者股票发行的时间； （三）股票种类、票面金额及代表的股份数，发行无面额股的，股票代表的股份数。 股票采用纸面形式的，还应当载明股票的编号，由法定代表人签名，公司盖章。 发起人股票采用纸面形式的，应当标明发起人股票字样。	本条配套无面额股制度，新增股票的相关记载事项。
第一百三十二条 股份有限公司成立后，即向股东正式交付股票。公司成立前不得向股东交付股票。	**第一百五十条** 股份有限公司成立后，即向股东正式交付股票。公司成立前不得向股东交付股票。	
第一百三十三条 公司发行新股，股东大	**第一百五十一条** 公司发行新股，股东会应当	本条配套无面额股制度，新增公司发行

续表

2018 年《公司法》	2023 年《公司法》	修订要点
会应当对下列事项作出决议： （一）新股种类及数额； （二）新股发行价格； （三）新股发行的起止日期； （四）向原有股东发行新股的种类及数额。 **第一百三十五条** 公司发行新股，可以根据公司经营情况和财务状况，确定其作价方案。	对下列事项作出决议： （一）新股种类及数额； （二）新股发行价格； （三）新股发行的起止日期； （四）向原有股东发行新股的种类及数额； **（五）发行无面额股的，新股发行所得股款计入注册资本的金额。** 公司发行新股，可以根据公司经营情况和财务状况，确定其作价方案。	新股时应决议的相关事项。
	第一百五十二条 公司章程或者股东会可以授权董事会在三年内决定发行不超过已发行股份百分之五十的股份。但以非货币财产作价出资的应当经股东会决议。 **董事会依照前款规定决定发行股份导致公司注册资本、已发行股份数发生变化的，对公司章程该项记载事项的修改不需再由股东会表决。**	本条新增股份有限公司可采授权资本制。本条适用要点如下： 1. 在授权形式上，包括公司章程和股东会决议两种； 2. 在授权时间上，为三年内； 3. 在授权比例上，为不超过已发行股份的百分之五十； 4. 在例外情形上，不包括非货币财产作价出资的股份发行。

续表

2018年《公司法》	2023年《公司法》	修订要点
	第一百五十三条　公司章程或者股东会授权董事会决定发行新股的，董事会决议应当经全体董事三分之二以上通过。	本条新增授权资本制中董事会决议发行新股的表决机制，即需经董事会特别决议通过。
第八十五条　发起人向社会公开募集股份，必须公告招股说明书，并制作认股书。认股书应当载明本法第八十六条所列事项，由认股人填写认购股数、金额、住所，并签名、盖章。认股人按照所认购股数缴纳股款。 第一百三十四条第一款　公司经国务院证券监督管理机构核准公开发行新股时，必须公告新股招股说明书和财务会计报告，并制作认股书。 第八十六条　招股说明书应当附有发起人制订的公司章程，并载明下列事项： （一）发起人认购的股份数；	第一百五十四条　公司向社会公开募集股份，应当经国务院证券监督管理机构注册，公告招股说明书。 招股说明书应当附有公司章程，并载明下列事项： （一）发行的股份总数； （二）面额股的票面金额和发行价格或者无面额股的发行价格； （三）募集资金的用途； （四）认股人的权利和义务； （五）股份种类及其权利和义务； （六）本次募股的起止日期及逾期未募足时认股人可以撤回所认股份的说明。 公司设立时发行股份	本条明确招股说明书关于无面额股、类别股的法定载明事项。

续表

2018年《公司法》	2023年《公司法》	修订要点
（二）每股的票面金额和发行价格； （三）无记名股票的发行总数； （四）募集资金的用途； （五）认股人的权利、义务； （六）本次募股的起止期限及逾期未募足时认股人可以撤回所认股份的说明。	**的，还应当载明发起人认购的股份数。**	
第八十七条 发起人向社会公开募集股份，应当由依法设立的证券公司承销，签订承销协议。	**第一百五十五条** **公司**向社会公开募集股份，应当由依法设立的证券公司承销，签订承销协议。	
第八十八条 发起人向社会公开募集股份，应当同银行签订代收股款协议。 代收股款的银行应当按照协议代收和保存股款，向缴纳股款的认股人出具收款单据，并负有向有关部门出具收款证明的义务。	**第一百五十六条** **公司**向社会公开募集股份，应当同银行签订代收股款协议。 代收股款的银行应当按照协议代收和保存股款，向缴纳股款的认股人出具收款单据，并负有向有关部门出具收款证明的义务。 公司发行**股份**募足股	

续表

2018 年《公司法》	2023 年《公司法》	修订要点
第一百三十六条 公司发行新股募足股款后，必须向公司登记机关办理变更登记，并公告。	款后，应予公告。	
第二节 股份转让	第二节 股份转让	
第一百三十七条 股东持有的股份可以依法转让。	**第一百五十七条** 股份有限公司的股东持有的股份可以向其他股东转让，也可以向股东以外的人转让；公司章程对股份转让有限制的，其转让按照公司章程的规定进行。	本条回应股份有限公司小型化、封闭化的分化发展特点，规定股份有限公司章程可对股份转让作出限制。
第一百三十八条 股东转让其股份，应当在依法设立的证券交易场所进行或者按照国务院规定的其他方式进行。	**第一百五十八条** 股东转让其股份，应当在依法设立的证券交易场所进行或者按照国务院规定的其他方式进行。	
第一百三十九条 记名股票，由股东以背书方式或者法律、行政法规规定的其他方式转让；转让后由公司将受让人的姓名或者名称及住所记载于股东名册。	**第一百五十九条** 股票的转让，由股东以背书方式或者法律、行政法规规定的其他方式进行；转让后由公司将受让人的姓名或者名称及住所记载于股东名册。	

续表

2018年《公司法》	2023年《公司法》	修订要点
股东大会召开前二十日内或者公司决定分配股利的基准日前五日内，不得进行前款规定的股东名册的变更登记。但是，法律对上市公司股东名册变更登记另有规定的，从其规定。	股东会会议召开前二十日内或者公司决定分配股利的基准日前五日内，不得变更股东名册。法律、行政法规或者国务院证券监督管理机构对上市公司股东名册变更另有规定的，从其规定。	
第一百四十条 无记名股票的转让，由股东将该股票交付给受让人后即发生转让的效力。		为配套删除无记名股票，本条删除了其转让规则。
第一百四十一条 发起人持有的本公司股份，自公司成立之日起一年内不得转让。公司公开发行股份前已发行的股份，自公司股票在证券交易所上市交易之日起一年内不得转让。 公司董事、监事、高级管理人员应当向公司申报所持有的本公司的股份及其变动情况，在任职期间每年转让的股份不得超过其所持有本	**第一百六十条** 公司公开发行股份前已发行的股份，自公司股票在证券交易所上市交易之日起一年内不得转让。法律、行政法规或者国务院证券监督管理机构对上市公司的股东、实际控制人转让其所持有的本公司股份另有规定的，从其规定。 公司董事、监事、高级管理人员应当向公司申报所持有的本公司的股份及其变动情况，在就任时	本条新增"法律、行政法规或者国务院证券监督管理机构"可对上市公司的股东、实际控制人限售本公司股份另行规定的规则。 新增股份在限售期内出质时质权人不得行使质权的规则。

续表

2018 年《公司法》	2023 年《公司法》	修订要点
公司股份总数的百分之二十五；所持本公司股份自公司股票上市交易之日起一年内不得转让。上述人员离职后半年内，不得转让其所持有的本公司股份。公司章程可以对公司董事、监事、高级管理人员转让其所持有的本公司股份作出其他限制性规定。	确定的任职期间每年转让的股份不得超过其所持有本公司股份总数的百分之二十五；所持本公司股份自公司股票上市交易之日起一年内不得转让。上述人员离职后半年内，不得转让其所持有的本公司股份。公司章程可以对公司董事、监事、高级管理人员转让其所持有的本公司股份作出其他限制性规定。 股份在法律、行政法规规定的限制转让期限内出质的，质权人不得在限制转让期限内行使质权。	
	第一百六十一条　有下列情形之一的，对股东会该项决议投反对票的股东可以请求公司按照合理的价格收购其股份，公开发行股份的公司除外： （一）公司连续五年不向股东分配利润，而公司该五年连续盈利，并且符合本法规定的分配利润条件；	为了回应股份有限公司小型化、封闭化的分化发展特点，本条新增股份有限公司股东的异议股东回购请求权，但不适用于公开发行股份的公司。

续表

2018 年《公司法》	2023 年《公司法》	修订要点
	（二）公司转让主要财产； **（三）公司章程规定的营业期限届满或者章程规定的其他解散事由出现，股东会通过决议修改章程使公司存续。** **自股东会决议作出之日起六十日内，股东与公司不能达成股份收购协议的，股东可以自股东会决议作出之日起九十日内向人民法院提起诉讼。** **公司因本条第一款规定的情形收购的本公司股份，应当在六个月内依法转让或者注销。**	
第一百四十二条 公司不得收购本公司股份。但是，有下列情形之一的除外： （一）减少公司注册资本； （二）与持有本公司股份的其他公司合并； （三）将股份用于员	**第一百六十二条** 公司不得收购本公司股份。但是，有下列情形之一的除外： （一）减少公司注册资本； （二）与持有本公司股份的其他公司合并； （三）将股份用于员工	

续表

2018 年《公司法》	2023 年《公司法》	修订要点
工持股计划或者股权激励； （四）股东因对股东大会作出的公司合并、分立决议持异议，要求公司收购其股份； （五）将股份用于转换上市公司发行的可转换为股票的公司债券； （六）上市公司为维护公司价值及股东权益所必需。 公司因前款第（一）项、第（二）项规定的情形收购本公司股份的，应当经股东大会决议；公司因前款第（三）项、第（五）项、第（六）项规定的情形收购本公司股份的，可以依照公司章程的规定或者股东大会的授权，经三分之二以上董事出席的董事会会议决议。 公司依照本条第一款规定收购本公司股份	持股计划或者股权激励； （四）股东因对股东会作出的公司合并、分立决议持异议，要求公司收购其股份； （五）将股份用于转换公司发行的可转换为股票的公司债券； （六）上市公司为维护公司价值及股东权益所必需。 公司因前款第一项、第二项规定的情形收购本公司股份的，应当经股东会决议；公司因前款第三项、第五项、第六项规定的情形收购本公司股份的，可以按照公司章程或者股东会的授权，经三分之二以上董事出席的董事会会议决议。 公司依照本条第一款规定收购本公司股份后，属于第一项情形的，应当自收购之日起十日内注销；属于第二项、第四项情形的，应当在六个月内转让或	

续表

2018年《公司法》	2023年《公司法》	修订要点
后，属于第（一）项情形的，应当自收购之日起十日内注销；属于第（二）项、第（四）项情形的，应当在六个月内转让或者注销；属于第（三）项、第（五）项、第（六）项情形的，公司合计持有的本公司股份数不得超过本公司已发行股份总额的百分之十，并应当在三年内转让或者注销。 上市公司收购本公司股份的，应当依照《中华人民共和国证券法》的规定履行信息披露义务。上市公司因本条第一款第（三）项、第（五）项、第（六）项规定的情形收购本公司股份的，应当通过公开的集中交易方式进行。 公司不得接受本公司的股票作为质押权的标的。	者注销；属于第三项、第五项、第六项情形的，公司合计持有的本公司股份数不得超过本公司已发行股份总数的百分之十，并应当在三年内转让或者注销。 上市公司收购本公司股份的，应当依照《中华人民共和国证券法》的规定履行信息披露义务。上市公司因本条第一款第三项、第五项、第六项规定的情形收购本公司股份的，应当通过公开的集中交易方式进行。 公司不得接受本公司的股份作为质权的标的。	

续表

2018 年《公司法》	2023 年《公司法》	修订要点
	第一百六十三条　公司不得为他人取得本公司或者其母公司的股份提供赠与、借款、担保以及其他财务资助，公司实施员工持股计划的除外。 为公司利益，经股东会决议，或者董事会按照公司章程或者股东会的授权作出决议，公司可以为他人取得本公司或者其母公司的股份提供财务资助，但财务资助的累计总额不得超过已发行股本总额的百分之十。董事会作出决议应当经全体董事的三分之二以上通过。 违反前两款规定，给公司造成损失的，负有责任的董事、监事、高级管理人员应当承担赔偿责任。	本条新增禁止财务资助制度及其例外规则。 这是我国首次在公司法层面对股份有限公司提供财务资助行为予以规制，并按照“原则禁止，具体例外，一般例外，法律责任”的体系构建禁止财务资助制度。
第一百四十三条　记名股票被盗、遗失或者灭失，股东可以依照《中华人民共和国民事诉讼法》规定的公示催告程	**第一百六十四条**　股票被盗、遗失或者灭失，股东可以依照《中华人民共和国民事诉讼法》规定的公示催告程序，请求人	

续表

2018年《公司法》	2023年《公司法》	修订要点
序，请求人民法院宣告该股票失效。人民法院宣告该股票失效后，股东可以向公司申请补发股票。	民法院宣告该股票失效。人民法院宣告该股票失效后，股东可以向公司申请补发股票。	
第一百四十四条 上市公司的股票，依照有关法律、行政法规及证券交易所交易规则上市交易。	**第一百六十五条** 上市公司的股票，依照有关法律、行政法规及证券交易所交易规则上市交易。	
第一百四十五条 上市公司~~必须~~依照法律、行政法规的规定~~，公开其财务状况、经营情况及重大诉讼，在每会计年度内半年公布一次财务会计报告~~。	**第一百六十六条** 上市公司**应当**依照法律、行政法规的规定**披露相关信息**。	本条删除上市公司信息披露的具体要求，概括性地规定应遵守法定信息披露义务。
第七十五条 自然人股东死亡后，其合法继承人可以继承股东资格；但是，公司章程另有规定的除外。	**第一百六十七条** 自然人股东死亡后，其合法继承人可以继承股东资格；但是，**股份转让受限的股份有限**公司**的**章程另有规定的除外。	
第四节~~ 国有独资~~公司的特别规定	**第七章 国家出资公司组织机构的特别规定**	新增“国家出资公司组织机构的特别规定”专章。

续表

2018 年《公司法》	2023 年《公司法》	修订要点
第六十四条 国有独资公司的设立和组织机构，适用本节规定；本节没有规定的，适用本章第一节、第二节的规定。 本法所称国有独资公司，是指国家单独出资、由国务院或者地方人民政府授权本级人民政府国有资产监督管理机构履行出资人职责的有限责任公司。	**第一百六十八条** 国家出资公司的组织机构，适用本章规定；本章没有规定的，适用本法其他规定。 本法所称国家出资公司，是指国家出资的国有独资公司、国有资本控股公司，包括国家出资的有限责任公司、股份有限公司。	本条新增国家出资公司概念，将其作为国有独资公司和国有资本控股公司的上位概念，明确国家出资公司包括国家出资的有限责任公司和股份有限公司。
	第一百六十九条 国家出资公司，由国务院或者地方人民政府分别代表国家依法履行出资人职责，享有出资人权益。国务院或者地方人民政府可以授权国有资产监督管理机构或者其他部门、机构代表本级人民政府对国家出资公司履行出资人职责。 代表本级人民政府履行出资人职责的机构、部门，以下统称为履行出资人职责的机构。	本条明确“国务院或者地方人民政府可以授权国有资产监督管理机构或者其他部门、机构代表本级人民政府对国家出资公司履行出资人职责。”

续表

2018 年《公司法》	2023 年《公司法》	修订要点
	第一百七十条　国家出资公司中中国共产党的组织，按照中国共产党章程的规定发挥领导作用，研究讨论公司重大经营管理事项，支持公司的组织机构依法行使职权。	本条明确党组织在国家出资公司治理中的作用。
第六十五条　国有独资公司章程由~~国有资产监督管理机构~~制定~~，或者由董事会制订报国有资产监督管理机构批准~~。	**第一百七十一条**　国有独资公司章程由**履行出资人职责的机构**制定。	
第六十六条　国有独资公司不设股东会，由~~国有资产监督管理~~机构行使股东会职权。~~国有资产监督管理~~机构可以授权公司董事会行使股东会的部分职权，~~决定公司的重大事项，~~但公司的合并、分立、解散、增加或者减少注册资本~~和发行公司债券~~，~~必须~~由~~国有资产监督管理~~机构决定~~；其中，重要的国有独资公司合并、分~~	**第一百七十二条**　国有独资公司不设股东会，由**履行出资人职责的**机构行使股东会职权。**履行出资人职责的**机构可以授权公司董事会行使股东会的部分职权，但**公司章程的制定和修改，**公司的合并、分立、解散、**申请破产，**增加或者减少注册资本，**分配利润，应当**由**履行出资人职责的**机构决定。	本条明确国家独资公司中履行出资人职责的机构可授予董事会的职权。

续表

2018 年《公司法》	2023 年《公司法》	修订要点
立、解散、申请破产的，应当由国有资产监督管理机构审核后，报本级人民政府批准。 前款所称重要的国有独资公司，按照国务院的规定确定。		
第六十七条 国有独资公司设董事会，依照本法第四十六条、第六十六条的规定行使职权。董事每届任期不得超过三年。董事会成员中应当有公司职工代表。 董事会成员由国有资产监督管理机构委派；但是，董事会成员中的职工代表由公司职工代表大会选举产生。 董事会设董事长一人，可以设副董事长。董事长、副董事长由国有资产监督管理机构从董事会成员中指定。	**第一百七十三条** 国有独资公司的董事会依照本法规定行使职权。 国有独资公司的董事会成员中，应当过半数为外部董事，并应当有公司职工代表。 董事会成员由履行出资人职责的机构委派；但是，董事会成员中的职工代表由公司职工代表大会选举产生。 董事会设董事长一人，可以设副董事长。董事长、副董事长由履行出资人职责的机构从董事会成员中指定。	本条删除国有独资公司董事任期的限制，新增董事会成员"应当过半数为外部董事"的规定。
第六十八条 国有	**第一百七十四条** 国有	

续表

2018年《公司法》	2023年《公司法》	修订要点
独资公司设经理，由董事会聘任或者解聘。经理依照本法第四十九条规定行使职权。 经国有资产监督管理机构同意，董事会成员可以兼任经理。	独资公司的经理由董事会聘任或者解聘。 经履行出资人职责的机构同意，董事会成员可以兼任经理。	
第六十九条 国有独资公司的董事长、副董事长、董事、高级管理人员，未经国有资产监督管理机构同意，不得在其他有限责任公司、股份有限公司或者其他经济组织兼职。	**第一百七十五条** 国有独资公司的董事、高级管理人员，未经履行出资人职责的机构同意，不得在其他有限责任公司、股份有限公司或者其他经济组织兼职。	
第七十条 国有独资公司监事会成员不得少于五人，其中职工代表的比例不得低于三分之一，具体比例由公司章程规定。 监事会成员由国有资产监督管理机构委派；但是，监事会成员中的职工代表由公司职工代表大会选举产生。监事	**第一百七十六条** 国有独资公司在董事会中设置由董事组成的审计委员会行使本法规定的监事会职权的，不设监事会或者监事。	本条明确国有独资公司可以采用单层制的公司治理架构。

续表

2018 年《公司法》	2023 年《公司法》	修订要点
~~会主席由国有资产监督管理机构从监事会成员中指定。~~ ~~监事会行使本法第五十三条第（一）项至第（三）项规定的职权和国务院规定的其他职权。~~		
	第一百七十七条 国家出资公司应当依法建立健全内部监督管理和风险控制制度，加强内部合规管理。	本条新增国家出资公司内部合规治理机制，包括内部监督管理、风险控制、内部合规管理三个方面。
第六章 公司董事、监事、高级管理人员的资格和义务	**第八章 公司董事、监事、高级管理人员的资格和义务**	
第一百四十六条 有下列情形之一的，不得担任公司的董事、监事、高级管理人员： （一）无民事行为能力或者限制民事行为能力； （二）因贪污、贿赂、侵占财产、挪用财产或者破坏社会主义市场经济秩序，被判处刑罚，执	**第一百七十八条** 有下列情形之一的，不得担任公司的董事、监事、高级管理人员： （一）无民事行为能力或者限制民事行为能力； （二）因贪污、贿赂、侵占财产、挪用财产或者破坏社会主义市场经济秩序，被判处刑罚，或者因犯罪被剥夺政治权利，执	本条为避免缓刑的限制期超过实刑的限制期，本条新增因犯罪被宣告判处缓刑的人员任职资格限制的期限； 新增“该公司被责令关闭”之日为不得担任董监高职务期限的起算时间； 明确“个人因所负

续表

2018 年《公司法》	2023 年《公司法》	修订要点
行期满未逾五年，或者因犯罪被剥夺政治权利，执行期满未逾五年； （三）担任破产清算的公司、企业的董事或者厂长、经理，对该公司、企业的破产负有个人责任的，自该公司、企业破产清算完结之日起未逾三年； （四）担任因违法被吊销营业执照、责令关闭的公司、企业的法定代表人，并负有个人责任的，自该公司、企业被吊销营业执照之日起未逾三年； （五）个人所负数额较大的债务到期未清偿。 公司违反前款规定选举、委派董事、监事或者聘任高级管理人员的，该选举、委派或者聘任无效。 董事、监事、高级管理人员在任职期间出	行期满未逾五年，被宣告缓刑的，自缓刑考验期满之日起未逾二年； （三）担任破产清算的公司、企业的董事或者厂长、经理，对该公司、企业的破产负有个人责任的，自该公司、企业破产清算完结之日起未逾三年； （四）担任因违法被吊销营业执照、责令关闭的公司、企业的法定代表人，并负有个人责任的，自该公司、企业被吊销营业执照、责令关闭之日起未逾三年； （五）个人因所负数额较大债务到期未清偿被人民法院列为失信被执行人。 违反前款规定选举、委派董事、监事或者聘任高级管理人员的，该选举、委派或者聘任无效。 董事、监事、高级管理人员在任职期间出现本条第一款所列情形的，公	数额较大的到期债务未清偿”的消极任职条件，应达到“被人民法院列为失信被执行人”标准。

续表

2018年《公司法》	2023年《公司法》	修订要点
现本条第一款所列情形的，公司应当解除其职务。	司应当解除其职务。	
第一百四十七条第一款 董事、监事、高级管理人员应当遵守法律、行政法规和公司章程，对公司负有忠实义务和勤勉义务。	**第一百七十九条** 董事、监事、高级管理人员应当遵守法律、行政法规和公司章程。 **第一百八十条** 董事、监事、高级管理人员对公司负有忠实义务，应当采取措施避免自身利益与公司利益冲突，不得利用职权牟取不正当利益。 董事、监事、高级管理人员对公司负有勤勉义务，执行职务应当为公司的最大利益尽到管理者通常应有的合理注意。 公司的控股股东、实际控制人不担任公司董事但实际执行公司事务的，适用前两款规定。	第180条第1款明确界定了忠实义务的内涵与具体内容； 第2款明确界定了勤勉义务的内涵与具体内容； 第3款新增事实董事的认定规则，与本法第192条共同构成了实质董事制度。
第一百四十七条第二款 董事、监事、高级管理人员不得利用职权收受贿赂或者其他非法收入，不得侵占公司	**第一百八十一条** 董事、监事、高级管理人员不得有下列行为： （一）侵占公司财产、挪用公司资金；	第181条新增规定监事亦不得从事的违反具体忠实义务的行为。

续表

2018 年《公司法》	2023 年《公司法》	修订要点
的财产。 **第一百四十八条第一款** 董事、高级管理人员不得有下列行为： （一）挪用公司资金； （二）将公司资金以其个人名义或者以其他个人名义开立账户存储； ~~（三）违反公司章程的规定，未经股东会、股东大会或者董事会同意，将公司资金借贷给他人或者以公司财产为他人提供担保；~~ （四）违反公司章程的规定或者未经股东会~~、股东大会同意~~，与本公司订立合同或者进行交易； （五）未经股东会~~或者股东大会~~同意，利用职务便利为自己或者他人谋取属于公司的商业机会，自营或者为他人经营与所任职公司同类的业务；	（二）将公司资金以其个人名义或者以其他个人名义开立账户存储； （三）利用职权贿赂或者收受其他非法收入； （四）接受他人与公司交易的佣金归为己有； （五）擅自披露公司秘密； （六）违反对公司忠实义务的其他行为。 **第一百八十二条** 董事、**监事、**高级管理人员，**直接或者间接**与本公司订立合同或者进行交易，**应当就与订立合同或者进行交易有关的事项向董事会或者股东会报告，并按照**公司章程的规定经**董事会**或者股东会**决议通过**。 **董事、监事、高级管理人员的近亲属，董事、监事、高级管理人员或者其近亲属直接或者间接控制的企业，以及与董事、监事、高级管理人员有其他**	第 182 条新增董监高关于利益冲突事项的报告义务；在股东会基础上，增加董事会为该三类行为的同意权主体，并授权公司章程规定决议机关。 扩大自我交易与关联交易中关联人的范围。

续表

2018 年《公司法》	2023 年《公司法》	修订要点
（六）接受他人与公司交易的佣金归为己有； （七）擅自披露公司秘密； （八）违反对公司忠实义务的其他行为。	关联关系的关联人，与公司订立合同或者进行交易，适用前款规定。 **第一百八十三条** 董事、监事、高级管理人员，不得利用职务便利为自己或者他人谋取属于公司的商业机会。但是，有下列情形之一的除外： （一）向董事会或者股东会报告，并按照公司章程的规定经董事会或者股东会决议通过； （二）根据法律、行政法规或者公司章程的规定，公司不能利用该商业机会。 **第一百八十四条** 董事、监事、高级管理人员未向董事会或者股东会报告，并按照公司章程的规定经董事会或者股东会决议通过，不得自营或者为他人经营与其任职公司同类的业务。	第 183 条新增正当利用公司机会的例外规则。
	第一百八十五条 董事会对本法第一百八十二条至第一百八十四条规定的	本条新增利益冲突事项关联董事回避表决的规则。

续表

2018 年《公司法》	2023 年《公司法》	修订要点
	事项决议时，关联董事不得参与表决，其表决权不计入表决权总数。出席董事会会议的无关联关系董事人数不足三人的，应当将该事项提交股东会审议。	
第一百四十八条第二款 董事、高级管理人员违反前款规定所得的收入应当归公司所有。	**第一百八十六条** 董事、**监事**、高级管理人员违反**本法第一百八十一条至第一百八十四条**规定所得的收入应当归公司所有。	本条新增监事为违反忠实义务行为的公司归入权的义务主体。
第一百五十条第一款 股东会或者股东大会要求董事、监事、高级管理人员列席会议的，董事、监事、高级管理人员应当列席并接受股东的质询。	**第一百八十七条** 股东会要求董事、监事、高级管理人员列席会议的，董事、监事、高级管理人员应当列席并接受股东的质询。	
第一百四十九条 董事、监事、高级管理人员执行公司职务时违反法律、行政法规或者公司章程的规定，给公司造成损失的，应当承担赔偿责任。	**第一百八十八条** 董事、监事、高级管理人员执行职务违反法律、行政法规或者公司章程的规定，给公司造成损失的，应当承担赔偿责任。	

续表

2018 年《公司法》	2023 年《公司法》	修订要点
第一百五十一条 董事、高级管理人员有本法第一百四十九条规定的情形的，有限责任公司的股东、股份有限公司连续一百八十日以上单独或者合计持有公司百分之一以上股份的股东，可以书面请求监事会或者不设监事会的有限责任公司的监事向人民法院提起诉讼；监事有本法第一百四十九条规定的情形的，前述股东可以书面请求董事会或者不设董事会的有限责任公司的执行董事向人民法院提起诉讼。 监事会、不设监事会的有限责任公司的监事，或者董事会、执行董事收到前款规定的股东书面请求后拒绝提起诉讼，或者自收到请求之日起三十日内未提起诉讼，或者情况紧急、不立即	**第一百八十九条** 董事、高级管理人员有前条规定的情形的，有限责任公司的股东、股份有限公司连续一百八十日以上单独或者合计持有公司百分之一以上股份的股东，可以书面请求监事会向人民法院提起诉讼；监事有前条规定的情形的，前述股东可以书面请求董事会向人民法院提起诉讼。 监事会或者董事会收到前款规定的股东书面请求后拒绝提起诉讼，或者自收到请求之日起三十日内未提起诉讼，或者情况紧急、不立即提起诉讼将会使公司利益受到难以弥补的损害的，前款规定的股东有权为公司利益以自己的名义直接向人民法院提起诉讼。 他人侵犯公司合法权益，给公司造成损失的，本条第一款规定的股东可以依	

续表

2018 年《公司法》	2023 年《公司法》	修订要点
提起诉讼将会使公司利益受到难以弥补的损害的，前款规定的股东有权为了公司的利益以自己的名义直接向人民法院提起诉讼。 他人侵犯公司合法权益，给公司造成损失的，本条第一款规定的股东可以依照前两款的规定向人民法院提起诉讼。	照前两款的规定向人民法院提起诉讼。 **公司全资子公司的董事、监事、高级管理人员有前条规定情形，或者他人侵犯公司全资子公司合法权益造成损失的，有限责任公司的股东、股份有限公司连续一百八十日以上单独或者合计持有公司百分之一以上股份的股东，可以依照前三款规定书面请求全资子公司的监事会、董事会向人民法院提起诉讼或者以自己的名义直接向人民法院提起诉讼。**	本条第 4 款新增股东双重代表诉讼及其前置程序规则。 在适用主体上，本款将股东双重代位诉讼的主体限于全资母子公司之间，即母公司为子公司的唯一股东。 在前置程序上，母公司的股东只需书面请求全资子公司的监事会、董事会起诉即可，即"穷尽子公司内部救济"；无需再请求母公司的董事会、监事会提起诉讼。
第一百五十二条 董事、高级管理人员违反法律、行政法规或者公司章程的规定，损害股东利益的，股东可以向人民法院提起诉讼。	**第一百九十条** 董事、高级管理人员违反法律、行政法规或者公司章程的规定，损害股东利益的，股东可以向人民法院提起诉讼。	
	第一百九十一条 董事、高级管理人员执行职	本条新增董事、高级管理人员对第三人责

续表

2018 年《公司法》	2023 年《公司法》	修订要点
	务，给他人造成损害的，公司应当承担赔偿责任；董事、高级管理人员存在故意或者重大过失的，也应当承担赔偿责任。	任。 该责任的构成十分严格，需要满足主体要件（董事、高级管理人员）；执行职务行为；违反法律或行政法规；违反信义义务；存在故意或重大过失；给他人造成损害；存在因果关系等要件。 在责任形式上，董事、高级管理人员承担补充赔偿责任，而非连带责任。
	第一百九十二条　公司的控股股东、实际控制人指示董事、高级管理人员从事损害公司或者股东利益的行为的，与该董事、高级管理人员承担连带责任。	本条新增影子董事、影子高管规则。 该责任的构成要件包括：责任主体为控股股东、实际控制人；存在指示行为；董事、高级管理人员基于指示实施损害行为；公司或股东利益受损。 责任形式为连带责任。

续表

2018年《公司法》	2023年《公司法》	修订要点
	第一百九十三条 公司可以在董事任职期间为董事因执行公司职务承担的赔偿责任投保责任保险。 公司为董事投保责任保险或者续保后，董事会应当向股东会报告责任保险的投保金额、承保范围及保险费率等内容。	本条新增董事责任保险制度，为倡导性条款。
第七章 公司债券	**第九章 公司债券**	
第一百五十三条 本法所称公司债券，是指公司依照法定程序发行、约定在一定期限还本付息的有价证券。 公司发行公司债券应当符合《中华人民共和国证券法》规定的发行条件。	**第一百九十四条** 本法所称公司债券，是指公司发行的约定按期还本付息的有价证券。 公司债券可以公开发行，也可以非公开发行。 公司债券的发行和交易应当符合《中华人民共和国证券法》等法律、行政法规的规定。	本条第1款扩大了公司债券的范畴，纳入了实践中的各类公司债券； 第2款明确公司债券可以非公开发行； 第3款将债券的交易纳入本条调整范围。
第一百五十四条 发行公司债券的申请经国务院授权的部门核准后，应当公告公司债券募集办法。 公司债券募集办法中	**第一百九十五条** 公开发行公司债券，应当经国务院证券监督管理机构注册，公告公司债券募集办法。 公司债券募集办法应当载明下列主要事项：	本条第1款将公司债券核准制更新为注册制；根据金融监管体制改革的发展，调整公开发行公司债券统一由国务院证券监

续表

2018年《公司法》	2023年《公司法》	修订要点
应当载明下列主要事项： （一）公司名称； （二）债券募集资金的用途； （三）债券总额和债券的票面金额； （四）债券利率的确定方式； （五）还本付息的期限和方式； （六）债券担保情况； （七）债券的发行价格、发行的起止日期； （八）公司净资产额； （九）已发行的尚未到期的公司债券总额； （十）公司债券的承销机构。	（一）公司名称； （二）债券募集资金的用途； （三）债券总额和债券的票面金额； （四）债券利率的确定方式； （五）还本付息的期限和方式； （六）债券担保情况； （七）债券的发行价格、发行的起止日期； （八）公司净资产额； （九）已发行的尚未到期的公司债券总额； （十）公司债券的承销机构。	督管理机构注册。
第一百五十五条 公司以实物券方式发行公司债券的，必须在债券上载明公司名称、债券票面金额、利率、偿还期限等事项，并由法定代表人签名，公司盖章。	**第一百九十六条** 公司以**纸面形式**发行公司债券的，**应当**在债券上载明公司名称、债券票面金额、利率、偿还期限等事项，并由法定代表人签名，公司盖章。	本条调整以“实物券方式”发行公司债券为以“纸面形式”发行。
第一百五十六条 公	**第一百九十七条** 公司	本条取消了无记名

续表

2018 年《公司法》	2023 年《公司法》	修订要点
司债券，可以为记名债券，也可以为无记名债券。	债券应当为记名债券。	债券。
第一百五十七条 公司发行公司债券应当置备公司债券存根簿。 发行记名公司债券的，应当在公司债券存根簿上载明下列事项： （一）债券持有人的姓名或者名称及住所； （二）债券持有人取得债券的日期及债券的编号； （三）债券总额，债券的票面金额、利率、还本付息的期限和方式； （四）债券的发行日期。 发行无记名公司债券的，应当在公司债券存根簿上载明债券总额、利率、偿还期限和方式、发行日期及债券的编号。	**第一百九十八条** 公司发行公司债券应当置备公司债券持有人名册。 发行公司债券的，应当在公司债券持有人名册上载明下列事项： （一）债券持有人的姓名或者名称及住所； （二）债券持有人取得债券的日期及债券的编号； （三）债券总额，债券的票面金额、利率、还本付息的期限和方式； （四）债券的发行日期。	本条将公司债券凭证由“债券存根簿”调整为“债券持有人名册”，顺应债券市场中普遍使用债券持有人名册的实践变化。配套删除无记名债券的债券存根簿内容相关规定。
第一百五十八条 记名公司债券的登记结算机构应当建立债券登记、	**第一百九十九条** 公司债券的登记结算机构应当建立债券登记、存管、付息、	

续表

2018年《公司法》	2023年《公司法》	修订要点
存管、付息、兑付等相关制度。	兑付等相关制度。	
第一百五十九条 公司债券可以转让，转让价格由转让人与受让人约定。 公司债券~~在证券交易所上市交易的，按照证券交易所的交易规则转让~~。	**第二百条** 公司债券可以转让，转让价格由转让人与受让人约定。 公司债券**的转让应当符合法律、行政法规的规定**。	
第一百六十条 ~~记名~~公司债券~~，~~由债券持有人以背书方式或者法律、行政法规规定的其他方式转让；转让后由公司将受让人的姓名或者名称及住所记载于公司债券~~存根簿~~。 ~~无记名公司债券的转让，由债券持有人将该债券交付给受让人后即发生转让的效力~~。	**第二百零一条** 公司债券由债券持有人以背书方式或者法律、行政法规规定的其他方式转让；转让后由公司将受让人的姓名或者名称及住所记载于公司债券**持有人名册**。	本条配套删除无记名公司债券的转让规则。
第一百六十一条 ~~上市公司~~经股东~~大~~会决议可以发行可转换为股票的公司债券，并~~在公司债券募集办法中~~规定具	**第二百零二条** **股份有限公司**经股东会决议，**或者经公司章程、股东会授权由董事会决议**，可以发行可转换为股票的公司	本条扩张发行可转换债券的主体至所有股份有限公司。

续表

2018 年《公司法》	2023 年《公司法》	修订要点
体的转换办法。上市公司发行可转换为股票的公司债券，应当报国务院证券监督管理机构核准。 发行可转换为股票的公司债券，应当在债券上标明可转换公司债券字样，并在公司债券存根簿上载明可转换公司债券的数额。	债券，并规定具体的转换办法。上市公司发行可转换为股票的公司债券，应当经国务院证券监督管理机构注册。 发行可转换为股票的公司债券，应当在债券上标明可转换公司债券字样，并在公司债券持有人名册上载明可转换公司债券的数额。	
第一百六十二条　发行可转换为股票的公司债券的，公司应当按照其转换办法向债券持有人换发股票，但债券持有人对转换股票或者不转换股票有选择权。	**第二百零三条**　发行可转换为股票的公司债券的，公司应当按照其转换办法向债券持有人换发股票，但债券持有人对转换股票或者不转换股票有选择权。**法律、行政法规另有规定的除外。**	
	第二百零四条　公开发行公司债券的，应当为同期债券持有人设立债券持有人会议，并在债券募集办法中对债券持有人会议的召集程序、会议规则和其他重要事项作出规定。	本条新增债券持有人会议规定。 第 1 款规定了债券持有人会议的设立和职权。债券持有人会议的决议事项范围为与债券持有人有利害

续表

2018年《公司法》	2023年《公司法》	修订要点
	债券持有人会议可以对与债券持有人有利害关系的事项作出决议。 除公司债券募集办法另有约定外，债券持有人会议决议对同期全体债券持有人发生效力。	关系的事项。 第2款规定了债券持有人会议决议的效力范围。
	第二百零五条　公开发行公司债券的，发行人应当为债券持有人聘请债券受托管理人，由其为债券持有人办理受领清偿、债权保全、与债券相关的诉讼以及参与债务人破产程序等事项。	本条新增债券受托管理人的规定。公司发行公司债券应设债券受托管理人，行使本条规定的职权。
	第二百零六条　债券受托管理人应当勤勉尽责，公正履行受托管理职责，不得损害债券持有人利益。 受托管理人与债券持有人存在利益冲突可能损害债券持有人利益的，债券持有人会议可以决议变更债券受托管理人。 债券受托管理人违反法律、行政法规或者债券持	本条新增债券受托管理人的信义义务与法律责任。 第1款规定了债券受托管理人的勤勉、忠实义务； 第2款规定了债券受托管理人的变更机制； 第3款规定了债券受托管理人的法律责任。

续表

2018年《公司法》	2023年《公司法》	修订要点
	有人会议决议，损害债券持有人利益的，应当承担赔偿责任。	
第八章　公司财务、会计	**第十章　公司财务、会计**	
第一百六十三条　公司应当依照法律、行政法规和国务院财政部门的规定建立本公司的财务、会计制度。	**第二百零七条**　公司应当依照法律、行政法规和国务院财政部门的规定建立本公司的财务、会计制度。	
第一百六十四条　公司应当在每一会计年度终了时编制财务会计报告，并依法经会计师事务所审计。 财务会计报告应当依照法律、行政法规和国务院财政部门的规定制作。	**第二百零八条**　公司应当在每一会计年度终了时编制财务会计报告，并依法经会计师事务所审计。 财务会计报告应当依照法律、行政法规和国务院财政部门的规定制作。	
第一百六十五条　有限责任公司应当依照公司章程规定的期限将财务会计报告送交各股东。 股份有限公司的财务会计报告应当在召开股东大会年会的二十日	**第二百零九条**　有限责任公司应当按照公司章程规定的期限将财务会计报告送交各股东。 股份有限公司的财务会计报告应当在召开股东会年会的二十日前置备于	

续表

2018 年《公司法》	2023 年《公司法》	修订要点
前置备于本公司，供股东查阅；公开发行股票的股份有限公司必须公告其财务会计报告。	本公司，供股东查阅；公开发行股份的股份有限公司应当公告其财务会计报告。	
第三十四条 股东按照实缴的出资比例分取红利；公司新增资本时，股东有权优先按照实缴的出资比例认缴出资。但是，全体股东约定不按照出资比例分取红利或者不按照出资比例优先认缴出资的除外。 **第一百六十六条** 公司分配当年税后利润时，应当提取利润的百分之十列入公司法定公积金。公司法定公积金累计额为公司注册资本的百分之五十以上的，可以不再提取。 公司的法定公积金不足以弥补以前年度亏损的，在依照前款规定提取法定公积金之前，应当先用当年利润弥补	**第二百一十条** 公司分配当年税后利润时，应当提取利润的百分之十列入公司法定公积金。公司法定公积金累计额为公司注册资本的百分之五十以上的，可以不再提取。 公司的法定公积金不足以弥补以前年度亏损的，在依照前款规定提取法定公积金之前，应当先用当年利润弥补亏损。 公司从税后利润中提取法定公积金后，经股东会决议，还可以从税后利润中提取任意公积金。 公司弥补亏损和提取公积金后所余税后利润，有限责任公司按照股东实缴的出资比例分配利润，全体股东约定不按照出资比例分配利润的除外；股	

续表

2018 年《公司法》	2023 年《公司法》	修订要点
亏损。 公司从税后利润中提取法定公积金后，经股东会或者股东大会决议，还可以从税后利润中提取任意公积金。 公司弥补亏损和提取公积金后所余税后利润，有限责任公司依照本法第三十四条的规定分配；股份有限公司按照股东持有的股份比例分配，但股份有限公司章程规定不按持股比例分配的除外。 股东会、股东大会或者董事会违反前款规定，在公司弥补亏损和提取法定公积金之前向股东分配利润的，股东必须将违反规定分配的利润退还公司。 公司持有的本公司股份不得分配利润。	份有限公司按照股东所持有的股份比例分配利润，公司章程另有规定的除外。 公司持有的本公司股份不得分配利润。 **第二百一十一条** 公司违反本法规定向股东分配利润的，股东应当将违反规定分配的利润退还公司；给公司造成损失的，股东及负有责任的董事、监事、高级管理人员应当承担赔偿责任。	 第 211 条新增违法分配利润的法律责任，包括股东的返还责任、股东与负有责任的董监高的赔偿责任。
	第二百一十二条 股东会作出分配利润的决议	本条新增利润分配的法定期限，即 6 个

续表

2018 年《公司法》	2023 年《公司法》	修订要点
	的，董事会应当在股东会决议作出之日起六个月内进行分配。	月，该期限不得延长。
第一百六十七条　股份有限公司以超过股票票面金额的发行价格发行股份所得的溢价款以及国务院财政部门规定列入资本公积金的其他收入，应当列为公司资本公积金。	**第二百一十三条**　公司以超过股票票面金额的发行价格发行股份所得的溢价款、发行无面额股所得股款未计入注册资本的金额以及国务院财政部门规定列入资本公积金的其他项目，应当列为公司资本公积金。	本条新增发行无面额股所得股款未计入注册资本的金额列入资本公积金。
第一百六十八条　公司的公积金用于弥补公司的亏损、扩大公司生产经营或者转为增加公司资本。但是，资本公积金不得用于弥补公司的亏损。 法定公积金转为资本时，所留存的该项公积金不得少于转增前公司注册资本的百分之二十五。	**第二百一十四条**　公司的公积金用于弥补公司的亏损、扩大公司生产经营或者转为增加公司注册资本。 公积金弥补公司亏损，应当先使用任意公积金和法定公积金；仍不能弥补的，可以按照规定使用资本公积金。 法定公积金转为增加注册资本时，所留存的该项公积金不得少于转增前公司注册资本的百分之二十五。	本条取消资本公积金不得用于弥补公司亏损的法定限制；新增公积金弥补亏损的顺序规则。

续表

2018 年《公司法》	2023 年《公司法》	修订要点
第一百六十九条 公司聘用、解聘承办公司审计业务的会计师事务所，依照公司章程的规定，由股东会、股东大会或者董事会决定。 公司股东会、股东大会或者董事会就解聘会计师事务所进行表决时，应当允许会计师事务所陈述意见。	**第二百一十五条** 公司聘用、解聘承办公司审计业务的会计师事务所，按照公司章程的规定，由股东会、董事会或者监事会决定。 公司股东会、董事会或者监事会就解聘会计师事务所进行表决时，应当允许会计师事务所陈述意见。	本条新增监事会为聘用、解聘承办公司审计业务的会计师事务所的决定主体，以强化监事会的职权。
第一百七十条 公司应当向聘用的会计师事务所提供真实、完整的会计凭证、会计账簿、财务会计报告及其他会计资料，不得拒绝、隐匿、谎报。	**第二百一十六条** 公司应当向聘用的会计师事务所提供真实、完整的会计凭证、会计账簿、财务会计报告及其他会计资料，不得拒绝、隐匿、谎报。	
第一百七十一条 公司除法定的会计账簿外，不得另立会计账簿。 对公司资产，不得以任何个人名义开立账户存储。	**第二百一十七条** 公司除法定的会计账簿外，不得另立会计账簿。 对公司资金，不得以任何个人名义开立账户存储。	

续表

2018 年《公司法》	2023 年《公司法》	修订要点
第九章　公司合并、分立、增资、减资	**第十一章　公司合并、分立、增资、减资**	
第一百七十二条　公司合并可以采取吸收合并或者新设合并。 一个公司吸收其他公司为吸收合并，被吸收的公司解散。两个以上公司合并设立一个新的公司为新设合并，合并各方解散。	**第二百一十八条**　公司合并可以采取吸收合并或者新设合并。 一个公司吸收其他公司为吸收合并，被吸收的公司解散。两个以上公司合并设立一个新的公司为新设合并，合并各方解散。	
	第二百一十九条　公司与其持股百分之九十以上的公司合并，被合并的公司不需经股东会决议，但应当通知其他股东，其他股东有权请求公司按照合理的价格收购其股权或者股份。 **公司合并支付的价款不超过本公司净资产百分之十的，可以不经股东会决议；但是，公司章程另有规定的除外。** **公司依照前两款规定合并不经股东会决议的，应当经董事会决议。**	本条新增简易合并制度，包括母子公司合并和小规模合并制度。 与普通合并相比，简易合并可以省略部分股东会决议，只需要经过董事会决议即可，大大提升了合并效率。

续表

2018 年《公司法》	2023 年《公司法》	修订要点
第一百七十三条 公司合并，应当由合并各方签订合并协议，并编制资产负债表及财产清单。公司应当自作出合并决议之日起十日内通知债权人，并于三十日内在报纸上公告。债权人自接到通知书之日起三十日内，未接到通知书的自公告之日起四十五日内，可以要求公司清偿债务或者提供相应的担保。	**第二百二十条** 公司合并，应当由合并各方签订合并协议，并编制资产负债表及财产清单。公司应当自作出合并决议之日起十日内通知债权人，并于三十日内在报纸上或者国家企业信用信息公示系统公告。债权人自接到通知之日起三十日内，未接到通知的自公告之日起四十五日内，可以要求公司清偿债务或者提供相应的担保。	本条新增公司合并时通过国家企业信用信息公示系统向债权人公告的方式。
第一百七十四条 公司合并时，合并各方的债权、债务，应当由合并后存续的公司或者新设的公司承继。	**第二百二十一条** 公司合并时，合并各方的债权、债务，应当由合并后存续的公司或者新设的公司承继。	
第一百七十五条 公司分立，其财产作相应的分割。 公司分立，应当编制资产负债表及财产清单。公司应当自作出分立决议之日起十日内通知债	**第二百二十二条** 公司分立，其财产作相应的分割。 公司分立，应当编制资产负债表及财产清单。公司应当自作出分立决议之日起十日内通知债权人，并于三十日内在报纸上或者	本条新增公司分立时通过国家企业信用信息公示系统向债权人公告的方式。

续表

2018 年《公司法》	2023 年《公司法》	修订要点
权人，并于三十日内在报纸上公告。	国家企业信用信息公示系统公告。	
第一百七十六条 公司分立前的债务由分立后的公司承担连带责任。但是，公司在分立前与债权人就债务清偿达成的书面协议另有约定的除外。	**第二百二十三条** 公司分立前的债务由分立后的公司承担连带责任。但是，公司在分立前与债权人就债务清偿达成的书面协议另有约定的除外。	
第一百七十七条 公司需要减少注册资本时，必须编制资产负债表及财产清单。 公司应当自作出减少注册资本决议之日起十日内通知债权人，并于三十日内在报纸上公告。债权人自接到通知书之日起三十日内，未接到通知书的自公告之日起四十五日内，有权要求公司清偿债务或者提供相应的担保。	**第二百二十四条** 公司减少注册资本，应当编制资产负债表及财产清单。 公司应当自股东会作出减少注册资本决议之日起十日内通知债权人，并于三十日内在报纸上或者国家企业信用信息公示系统公告。债权人自接到通知之日起三十日内，未接到通知的自公告之日起四十五日内，有权要求公司清偿债务或者提供相应的担保。 **公司减少注册资本，应当按照股东出资或者持有股份的比例相应减少出**	本条第 2 款新增公司减资在国家企业信用信息公示系统上的公告方式； 第 3 款新增同比例减资的原则性规定及其例外规则，即法律另有规定（如异议股份回购、催缴失权等）、有限责任公司全体股东另有约定或者股份有限公司章程另有规定的除外。

续表

2018 年《公司法》	2023 年《公司法》	修订要点
	资额或者股份，法律另有规定、有限责任公司全体股东另有约定或者股份有限公司章程另有规定的除外。	
	第二百二十五条　公司依照本法第二百一十四条第二款的规定弥补亏损后，仍有亏损的，可以减少注册资本弥补亏损。减少注册资本弥补亏损的，公司不得向股东分配，也不得免除股东缴纳出资或者股款的义务。 依照前款规定减少注册资本的，不适用前条第二款的规定，但应当自股东会作出减少注册资本决议之日起三十日内在报纸上或者国家企业信用信息公示系统公告。 公司依照前两款的规定减少注册资本后，在法定公积金和任意公积金累计额达到公司注册资本百分之五十前，不得分配利润。	本条新增简易减资制度。该种情形下，虽减少注册资本，但并不将公司资产向股东返还，也不减免股东的出资义务，因而并不造成公司资产减少。 第 1 款规定了简易减资的适用情形； 第 2 款规定了简易减资的程序； 第 3 款规定了简易减资后的分配限制。

续表

2018 年《公司法》	2023 年《公司法》	修订要点
	第二百二十六条　违反本法规定减少注册资本的，股东应当退还其收到的资金，减免股东出资的应当恢复原状；给公司造成损失的，股东及负有责任的董事、监事、高级管理人员应当承担赔偿责任。	本条新增违法减资的法律后果的规定，包括股东的返还责任、股东及负有责任的董事、监事、高级管理人员的赔偿责任。
第三十四条　股东按照实缴的出资比例分取红利；公司新增资本时，股东有权优先按照实缴的出资比例认缴出资。但是，全体股东约定不按照出资比例分取红利或者不按照出资比例优先认缴出资的除外。	**第二百二十七条　有限责任**公司**增加注册**资本时，股东**在同等条件下**有权优先按照实缴的出资比例认缴出资。但是，全体股东约定不按照出资比例优先认缴出资的除外。 **股份有限公司为增加注册资本发行新股时，股东不享有优先认购权，公司章程另有规定或者股东会决议决定股东享有优先认购权的除外。**	本条第 1 款规定有限责任公司股东享有默认的优先认购权，除非全体股东另有约定。 第 2 款新增规定股份有限公司股东默示不享有优先认购权，公司章程另有规定或股东会决议决定的除外。
第一百七十八条　有限责任公司增加注册资本时，股东认缴新增资本的出资，依照本法设立有限责任公司缴纳出	**第二百二十八条**　有限责任公司增加注册资本时，股东认缴新增资本的出资，依照本法设立有限责任公司缴纳出资的有关	

续表

2018 年《公司法》	2023 年《公司法》	修订要点
资的有关规定执行。 股份有限公司为增加注册资本发行新股时，股东认购新股，依照本法设立股份有限公司缴纳股款的有关规定执行。	规定执行。 股份有限公司为增加注册资本发行新股时，股东认购新股，依照本法设立股份有限公司缴纳股款的有关规定执行。	
第一百七十九条　公司合并或者分立，登记事项发生变更的，应当依法向公司登记机关办理变更登记；公司解散的，应当依法办理公司注销登记；设立新公司的，应当依法办理公司设立登记。 公司增加或者减少注册资本，应当依法向公司登记机关办理变更登记。		
第十章　公司解散和清算	**第十二章　公司解散和清算**	
第一百八十条　公司因下列原因解散： （一）公司章程规定的营业期限届满或者公司章程规定的其他解散	**第二百二十九条**　公司因下列原因解散： （一）公司章程规定的营业期限届满或者公司章程规定的其他解散事由出现；	本条新增公司解散应通过国家企业信用信息公示系统公示解散事由的规定。

续表

2018 年《公司法》	2023 年《公司法》	修订要点
事由出现； （二）股东会或者股东大会决议解散； （三）因公司合并或者分立需要解散； （四）依法被吊销营业执照、责令关闭或者被撤销； （五）人民法院依照本法第一百八十二条的规定予以解散。	（二）股东会决议解散； （三）因公司合并或者分立需要解散； （四）依法被吊销营业执照、责令关闭或者被撤销； （五）人民法院依照本法第二百三十一条的规定予以解散。 **公司出现前款规定的解散事由，应当在十日内将解散事由通过国家企业信用信息公示系统予以公示。**	
第一百八十一条　公司有本法第一百八十条第（一）项情形的，可以通过修改公司章程而存续。 依照前款规定修改公司章程，有限责任公司须经持有三分之二以上表决权的股东通过，股份有限公司须经出席股东大会会议的股东所持表决权的三分之二以上通过。	**第二百三十条**　公司有前条第一款第一项、第二项情形，且尚未向股东分配财产的，可以通过修改公司章程或者经股东会决议而存续。 依照前款规定修改公司章程或者经股东会决议，有限责任公司须经持有三分之二以上表决权的股东通过，股份有限公司须经出席股东会会议的股东所持表决权的三分之二以上通过。	本条新增公司发生解散事由时特定情形下公司存续的规定。

续表

2018 年《公司法》	2023 年《公司法》	修订要点
第一百八十二条 公司经营管理发生严重困难，继续存续会使股东利益受到重大损失，通过其他途径不能解决的，持有公司~~全部股东~~表决权百分之十以上的股东，可以请求人民法院解散公司。	**第二百三十一条** 公司经营管理发生严重困难，继续存续会使股东利益受到重大损失，通过其他途径不能解决的，持有公司百分之十以上表决权的股东，可以请求人民法院解散公司。	
第一百八十三条 公司因本法第~~一百八十~~条第（一）项、第（二）项、第（四）项、第（五）项规定而解散的，应当在解散事由出现之日起十五日内~~成立~~清算组~~，开始~~清算。~~有限责任公司的清算组由股东组成，股份有限公司的~~清算组由董事~~或者股东大会确定的人员~~组成。逾期不成立清算组进行清算的，~~债权人~~可以申请人民法院指定有关人员组成清算组进行清算。人民法院应当受理该申请，并	**第二百三十二条** 公司因本法第**二百二十九**条**第一款**第一项、第二项、第四项、第五项规定而解散的，**应当清算。董事为公司清算义务人，**应当在解散事由出现之日起十五日内**组成**清算组**进行**清算。 清算组由董事组成，**但是公司章程另有规定或者股东会决议另选他人的除外。** **清算义务人未及时履行清算义务，给公司或者债权人造成损失的，应当承担赔偿责任。** **第二百三十三条** **公司依照前条第一款的规定应**	第 232 条第 1 款明确董事为清算义务人； 第 3 款新增清算义务人未履行清算义务的赔偿责任。 第 233 条将强制清算申请人范围由“债权

续表

2018 年《公司法》	2023 年《公司法》	修订要点
及时组织清算组进行清算。	**当清算**，逾期不成立清算组进行清算**或者成立清算组后不清算的，利害关系人**可以申请人民法院指定有关人员组成清算组进行清算。人民法院应当受理该申请，并及时组织清算组进行清算。 **公司因本法第二百二十九条第一款第四项的规定而解散的，作出吊销营业执照、责令关闭或者撤销决定的部门或者公司登记机关，可以申请人民法院指定有关人员组成清算组进行清算。**	人”扩大至“利害关系人”。
第一百八十四条 清算组在清算期间行使下列职权： （一）清理公司财产，分别编制资产负债表和财产清单； （二）通知、公告债权人； （三）处理与清算有关的公司未了结的业务；	**第二百三十四条** 清算组在清算期间行使下列职权： （一）清理公司财产，分别编制资产负债表和财产清单； （二）通知、公告债权人； （三）处理与清算有关的公司未了结的业务；	

续表

2018 年《公司法》	2023 年《公司法》	修订要点
（四）清缴所欠税款以及清算过程中产生的税款； （五）清理债权、债务； （六）处理公司清偿债务后的剩余财产； （七）代表公司参与民事诉讼活动。	（四）清缴所欠税款以及清算过程中产生的税款； （五）清理债权、债务； （六）**分配**公司清偿债务后的剩余财产； （七）代表公司参与民事诉讼活动。	
第一百八十五条 清算组应当自成立之日起十日内通知债权人，并于六十日内在报纸上公告。债权人应当自接到通知书之日起三十日内，未接到通知书的自公告之日起四十五日内，向清算组申报其债权。 债权人申报债权，应当说明债权的有关事项，并提供证明材料。清算组应当对债权进行登记。 在申报债权期间，清算组不得对债权人进行清偿。	**第二百三十五条** 清算组应当自成立之日起十日内通知债权人，并于六十日内在报纸上**或者国家企业信用信息公示系统**公告。债权人应当自接到通知之日起三十日内，未接到通知的自公告之日起四十五日内，向清算组申报其债权。 债权人申报债权，应当说明债权的有关事项，并提供证明材料。清算组应当对债权进行登记。 在申报债权期间，清算组不得对债权人进行清偿。	本条新增清算时通过国家企业信用信息公示系统向债权人公告的方式。

续表

2018年《公司法》	2023年《公司法》	修订要点
第一百八十六条 清算组在清理公司财产、编制资产负债表和财产清单后，应当制定清算方案，并报股东会、股东大会或者人民法院确认。 公司财产在分别支付清算费用、职工的工资、社会保险费用和法定补偿金，缴纳所欠税款，清偿公司债务后的剩余财产，有限责任公司按照股东的出资比例分配，股份有限公司按照股东持有的股份比例分配。 清算期间，公司存续，但不得开展与清算无关的经营活动。公司财产在未依照前款规定清偿前，不得分配给股东。	**第二百三十六条** 清算组在清理公司财产、编制资产负债表和财产清单后，应当制订清算方案，并报股东会或者人民法院确认。 公司财产在分别支付清算费用、职工的工资、社会保险费用和法定补偿金，缴纳所欠税款，清偿公司债务后的剩余财产，有限责任公司按照股东的出资比例分配，股份有限公司按照股东持有的股份比例分配。 清算期间，公司存续，但不得开展与清算无关的经营活动。公司财产在未依照前款规定清偿前，不得分配给股东。	
第一百八十七条 清算组在清理公司财产、编制资产负债表和财产清单后，发现公司财产不足清偿债务的，应当依法向人民法院申请宣告	**第二百三十七条** 清算组在清理公司财产、编制资产负债表和财产清单后，发现公司财产不足清偿债务的，应当依法向人民法院申请破产清算。	

续表

2018 年《公司法》	2023 年《公司法》	修订要点
破产。 公司经人民法院裁定宣告破产后，清算组应当将清算事务移交给人民法院。	人民法院受理破产申请后，清算组应当将清算事务移交给人民法院指定的破产管理人。	
第一百八十九条 清算组成员应当忠于职守，依法履行清算义务。 清算组成员不得利用职权收受贿赂或者其他非法收入，不得侵占公司财产。 清算组成员因故意或者重大过失给公司或者债权人造成损失的，应当承担赔偿责任。	**第二百三十八条** 清算组成员履行清算职责，负有忠实义务和勤勉义务。 清算组成员怠于履行清算职责，给公司造成损失的，应当承担赔偿责任；因故意或者重大过失给债权人造成损失的，应当承担赔偿责任。	本条明确清算组成员的忠实义务，新增清算组成员的勤勉义务； 明确清算组成员怠于履行清算职责时对公司的赔偿责任。
第一百八十八条 公司清算结束后，清算组应当制作清算报告，报股东会、股东大会或者人民法院确认，并报送公司登记机关，申请注销公司登记，公告公司终止。	**第二百三十九条** 公司清算结束后，清算组应当制作清算报告，报股东会或者人民法院确认，并报送公司登记机关，申请注销公司登记。	
	第二百四十条 公司在存续期间未产生债务，或者已清偿全部债务的，经全	本条新增简易注销制度。 第 1 款规定了简易

续表

2018 年《公司法》	2023 年《公司法》	修订要点
	体股东承诺，可以按照规定通过简易程序注销公司登记。 通过简易程序注销公司登记，应当通过国家企业信用信息公示系统予以公告，公告期限不少于二十日。公告期限届满后，未有异议的，公司可以在二十日内向公司登记机关申请注销公司登记。 公司通过简易程序注销公司登记，股东对本条第一款规定的内容承诺不实的，应当对注销登记前的债务承担连带责任。	注销的适用情形，即“未产生债务，或者已清偿全部债务”的公司； 第 2 款规定了简易注销的程序； 第 3 款规定了违法进行简易注销的法律责任。
	第二百四十一条　公司被吊销营业执照、责令关闭或者被撤销，满三年未向公司登记机关申请注销公司登记的，公司登记机关可以通过国家企业信用信息公示系统予以公告，公告期限不少于六十日。公告期限届满后，未有异议的，公司登记机关可以注销公司登记。	本条新增强制注销制度。 第 1 款规定了强制注销的适用情形和注销程序； 第 2 款规定了强制注销后的法律责任。

续表

2018年《公司法》	2023年《公司法》	修订要点
	依照前款规定注销公司登记的，原公司股东、清算义务人的责任不受影响。	
第一百九十条 公司被依法宣告破产的，依照有关企业破产的法律实施破产清算。	**第二百四十二条** 公司被依法宣告破产的，依照有关企业破产的法律实施破产清算。	
第十一章 外国公司的分支机构	**第十三章 外国公司的分支机构**	
第一百九十一条 本法所称外国公司是指依照外国法律在中国境外设立的公司。	**第二百四十三条** 本法所称外国公司，是指依照外国法律在中华人民共和国境外设立的公司。	
第一百九十二条 外国公司在中国境内设立分支机构，必须向中国主管机关提出申请，并提交其公司章程、所属国的公司登记证书等有关文件，经批准后，向公司登记机关依法办理登记，领取营业执照。 外国公司分支机构的审批办法由国务院另行规定。	**第二百四十四条** 外国公司在中华人民共和国境内设立分支机构，应当向中国主管机关提出申请，并提交其公司章程、所属国的公司登记证书等有关文件，经批准后，向公司登记机关依法办理登记，领取营业执照。 外国公司分支机构的审批办法由国务院另行规定。	

续表

2018 年《公司法》	2023 年《公司法》	修订要点
第一百九十三条 外国公司在中国境内设立分支机构，必须在中国境内指定负责该分支机构的代表人或者代理人，并向该分支机构拨付与其所从事的经营活动相适应的资金。 对外国公司分支机构的经营资金需要规定最低限额的，由国务院另行规定。	**第二百四十五条** 外国公司在中华人民共和国境内设立分支机构，应当在中华人民共和国境内指定负责该分支机构的代表人或者代理人，并向该分支机构拨付与其所从事的经营活动相适应的资金。 对外国公司分支机构的经营资金需要规定最低限额的，由国务院另行规定。	
第一百九十四条 外国公司的分支机构应当在其名称中标明该外国公司的国籍及责任形式。 外国公司的分支机构应当在本机构中置备该外国公司章程。	**第二百四十六条** 外国公司的分支机构应当在其名称中标明该外国公司的国籍及责任形式。 外国公司的分支机构应当在本机构中置备该外国公司章程。	
第一百九十五条 外国公司在中国境内设立的分支机构不具有中国法人资格。 外国公司对其分支机构在中国境内进行经营活动承担民事责任。	**第二百四十七条** 外国公司在中华人民共和国境内设立的分支机构不具有中国法人资格。 外国公司对其分支机构在中华人民共和国境内进行经营活动承担民事责任。	

续表

2018年《公司法》	2023年《公司法》	修订要点
第一百九十六条 经批准设立的外国公司分支机构，在中国境内从事业务活动，必须遵守中国的法律，不得损害中国的社会公共利益，其合法权益受中国法律保护。	**第二百四十八条** 经批准设立的外国公司分支机构，在中华人民共和国境内从事业务活动，应当遵守中国的法律，不得损害中国的社会公共利益，其合法权益受中国法律保护。	
第一百九十七条 外国公司撤销其在中国境内的分支机构时，必须依法清偿债务，依照本法有关公司清算程序的规定进行清算。未清偿债务之前，不得将其分支机构的财产移至中国境外。	**第二百四十九条** 外国公司撤销其在中华人民共和国境内的分支机构时，应当依法清偿债务，依照本法有关公司清算程序的规定进行清算。未清偿债务之前，不得将其分支机构的财产转移至中华人民共和国境外。	
第十二章　法律责任	**第十四章　法律责任**	
第一百九十八条 违反本法规定，虚报注册资本、提交虚假材料或者采取其他欺诈手段隐瞒重要事实取得公司登记的，由公司登记机关责令改正，对虚报注册资本的公司，处以虚报	**第二百五十条** 违反本法规定，虚报注册资本、提交虚假材料或者采取其他欺诈手段隐瞒重要事实取得公司登记的，由公司登记机关责令改正，对虚报注册资本的公司，处以虚报注册资本金额百分之	

续表

2018 年《公司法》	2023 年《公司法》	修订要点
注册资本金额百分之五以上百分之十五以下的罚款；对提交虚假材料或者采取其他欺诈手段隐瞒重要事实的公司，处以五万元以上~~五十~~万元以下的罚款；情节严重的，~~撤销公司登记或者~~吊销营业执照。	五以上百分之十五以下的罚款；对提交虚假材料或者采取其他欺诈手段隐瞒重要事实的公司，处以五万元以上**二百**万元以下的罚款；情节严重的，吊销营业执照**；对直接负责的主管人员和其他直接责任人员处以三万元以上三十万元以下的罚款**。	
	第二百五十一条　公司未依照本法第四十条规定公示有关信息或者不如实公示有关信息的，由公司登记机关责令改正，可以处以一万元以上五万元以下的罚款。情节严重的，处以五万元以上二十万元以下的罚款；对直接负责的主管人员和其他直接责任人员处以一万元以上十万元以下的罚款。	本条新增公司未按规定公示或不实公示有关信息的行政责任；新增直接负责的主管人员和其他直接责任人员的行政责任。
第一百九十九条　公司的发起人、股东虚假出资，未交付或者未按期交付作为出资的货币	**第二百五十二条**　公司的发起人、股东虚假出资，未交付或者未按期交付作为出资的货币或者非	本条调整发起人、股东虚假出资，瑕疵出资的行政责任；新增直接负责的主管人员

续表

2018年《公司法》	2023年《公司法》	修订要点
或者非货币财产的，由公司登记机关责令改正，处以虚假出资金额百分之五以上百分之十五以下的罚款。	货币财产的，由公司登记机关责令改正，可以处以五万元以上二十万元以下的罚款；情节严重的，处以虚假出资或者未出资金额百分之五以上百分之十五以下的罚款；对直接负责的主管人员和其他直接责任人员处以一万元以上十万元以下的罚款。	和其他直接责任人员的行政责任。
第二百条 公司的发起人、股东在公司成立后，抽逃其出资的，由公司登记机关责令改正，处以所抽逃出资金额百分之五以上百分之十五以下的罚款。	**第二百五十三条** 公司的发起人、股东在公司成立后，抽逃其出资的，由公司登记机关责令改正，处以所抽逃出资金额百分之五以上百分之十五以下的罚款；对直接负责的主管人员和其他直接责任人员处以三万元以上三十万元以下的罚款。	本条新增发起人、股东抽逃出资时直接负责的主管人员和其他直接责任人员的行政责任。
第二百零一条 ~~公司违反本法规定，~~在法定的会计账簿以外另立会计账簿的，由县级以上人民政府财政部门~~责令改正，处以五万元以上五~~	**第二百五十四条** 有下列行为之一的，由县级以上人民政府财政部门依照《中华人民共和国会计法》等法律、行政法规的规定处罚：	本条删除未依法提取法定公积金的行政责任。

续表

2018 年《公司法》	2023 年《公司法》	修订要点
十万元以下的罚款。 **第二百零二条** 公司在依法向有关主管部门提供的财务会计报告等材料上作虚假记载或者隐瞒重要事实的，由有关主管部门对直接负责的主管人员和其他直接责任人员处以三万元以上三十万元以下的罚款。 **第二百零三条** 公司不依照本法规定提取法定公积金的，由县级以上人民政府财政部门责令如数补足应当提取的金额，可以对公司处以二十万元以下的罚款。	（一）在法定的会计账簿以外另立会计账簿； （二）提供存在虚假记载或者隐瞒重要事实的财务会计报告。	
第二百零四条第一款 公司在合并、分立、减少注册资本或者进行清算时，不依照本法规定通知或者公告债权人的，由公司登记机关责令改正，对公司处以一万元以上十万元以下的罚款。	**第二百五十五条** 公司在合并、分立、减少注册资本或者进行清算时，不依照本法规定通知或者公告债权人的，由公司登记机关责令改正，对公司处以一万元以上十万元以下的罚款。	

续表

2018 年《公司法》	2023 年《公司法》	修订要点
第二百零四条第二款 公司在进行清算时，隐匿财产，对资产负债表或者财产清单作虚假记载或者在未清偿债务前分配公司财产的，由公司登记机关责令改正，对公司处以隐匿财产或者未清偿债务前分配公司财产金额百分之五以上百分之十以下的罚款；对直接负责的主管人员和其他直接责任人员处以一万元以上十万元以下的罚款。 ~~**第二百零五条** 公司在清算期间开展与清算无关的经营活动的，由公司登记机关予以警告，没收违法所得。~~ ~~**第二百零六条** 清算组不依照本法规定向公司登记机关报送清算报告，或者报送清算报告隐瞒重要事实或者有重大遗漏的，由公司登~~	**第二百五十六条** 公司在进行清算时，隐匿财产，对资产负债表或者财产清单作虚假记载，或者在未清偿债务前分配公司财产的，由公司登记机关责令改正，对公司处以隐匿财产或者未清偿债务前分配公司财产金额百分之五以上百分之十以下的罚款；对直接负责的主管人员和其他直接责任人员处以一万元以上十万元以下的罚款。	本条删除了公司在清算期间开展与清算无关的经营活动，清算组违反报告义务以及清算组成员违反忠实义务等情形的行政责任。

续表

2018 年《公司法》	2023 年《公司法》	修订要点
记机关责令改正。 清算组成员利用职权徇私舞弊、谋取非法收入或者侵占公司财产的，由公司登记机关责令退还公司财产，没收违法所得，并可以处以违法所得一倍以上五倍以下的罚款。		
第二百零七条 承担资产评估、验资或者验证的机构提供虚假材料的，由公司登记机关没收违法所得，处以违法所得一倍以上五倍以下的罚款，并可以由有关主管部门依法责令该机构停业、吊销直接责任人员的资格证书，吊销营业执照。 承担资产评估、验资或者验证的机构因过失提供有重大遗漏的报告的，由公司登记机关责令改正，情节较重的，处以所得收入一倍以上五倍	**第二百五十七条** 承担资产评估、验资或者验证的机构提供虚假材料或者提供有重大遗漏的报告的，由有关部门依照《中华人民共和国资产评估法》、《中华人民共和国注册会计师法》等法律、行政法规的规定处罚。 承担资产评估、验资或者验证的机构因其出具的评估结果、验资或者验证证明不实，给公司债权人造成损失的，除能够证明自己没有过错的外，在其评估或者证明不实的金额范围内承担赔偿责任。	

续表

2018年《公司法》	2023年《公司法》	修订要点
以下的罚款，并可以由有关主管部门依法责令该机构停业、吊销直接责任人员的资格证书，吊销营业执照。 承担资产评估、验资或者验证的机构因其出具的评估结果、验资或者验证证明不实，给公司债权人造成损失的，除能够证明自己没有过错的外，在其评估或者证明不实的金额范围内承担赔偿责任。		
第二百零八条 公司登记机关对不符合本法规定条件的登记申请予以登记，或者对符合本法规定条件的登记申请不予登记的，对直接负责的主管人员和其他直接责任人员，依法给予行政处分。 **第二百零九条** 公司登记机关的上级部门强令公司登记机关对不	**第二百五十八条** 公司登记机关**违反法律、行政法规规定未履行职责或者履行职责不当的**，对**负有责任**的**领导**人员和直接责任人员依法给予**政务**处分。	

续表

2018 年《公司法》	2023 年《公司法》	修订要点
~~符合本法规定条件的登记申请予以登记，或者对符合本法规定条件的登记申请不予登记的，或者对违法登记进行包庇的，对直接负责的主管人员和其他直接责任人员依法给予行政处分~~。		
第二百一十条 未依法登记为有限责任公司或者股份有限公司，而冒用有限责任公司或者股份有限公司名义的，或者未依法登记为有限责任公司或者股份有限公司的分公司，而冒用有限责任公司或者股份有限公司的分公司名义的，由公司登记机关责令改正或者予以取缔，可以并处十万元以下的罚款。	**第二百五十九条** 未依法登记为有限责任公司或者股份有限公司，而冒用有限责任公司或者股份有限公司名义的，或者未依法登记为有限责任公司或者股份有限公司的分公司，而冒用有限责任公司或者股份有限公司的分公司名义的，由公司登记机关责令改正或者予以取缔，可以并处十万元以下的罚款。	
第二百一十一条 公司成立后无正当理由超过六个月未开业的，或者开业后自行停业连续六个月以上的，可以~~由~~公	**第二百六十条** 公司成立后无正当理由超过六个月未开业的，或者开业后自行停业连续六个月以上的，公司登记机关可以	本条新增办理歇业作为逾期开业、停业行政责任的例外。

续表

2018年《公司法》	2023年《公司法》	修订要点
司登记机关吊销营业执照。 公司登记事项发生变更时，未依照本法规定办理有关变更登记的，由公司登记机关责令限期登记；逾期不登记的，处以一万元以上十万元以下的罚款。	吊销营业执照，**但公司依法办理歇业的除外**。 公司登记事项发生变更时，未依照本法规定办理有关变更登记的，由公司登记机关责令限期登记；逾期不登记的，处以一万元以上十万元以下的罚款。	
第二百一十二条 外国公司违反本法规定，擅自在中国境内设立分支机构的，由公司登记机关责令改正或者关闭，可以并处五万元以上二十万元以下的罚款。	**第二百六十一条** 外国公司违反本法规定，擅自在中**华人民共和**国境内设立分支机构的，由公司登记机关责令改正或者关闭，可以并处五万元以上二十万元以下的罚款。	
第二百一十三条 利用公司名义从事危害国家安全、社会公共利益的严重违法行为的，吊销营业执照。	**第二百六十二条** 利用公司名义从事危害国家安全、社会公共利益的严重违法行为的，吊销营业执照。	
第二百一十四条 公司违反本法规定，应当承担民事赔偿责任和缴纳罚款、罚金的，其财产不足以支付时，先承担民事赔偿责任。	**第二百六十三条** 公司违反本法规定，应当承担民事赔偿责任和缴纳罚款、罚金的，其财产不足以支付时，先承担民事赔偿责任。	

续表

2018年《公司法》	2023年《公司法》	修订要点
第二百一十五条 违反本法规定，构成犯罪的，依法追究刑事责任。	**第二百六十四条** 违反本法规定，构成犯罪的，依法追究刑事责任。	
第十三章 附 则	**第十五章 附 则**	
第二百一十六条 本法下列用语的含义： （一）高级管理人员，是指公司的经理、副经理、财务负责人，上市公司董事会秘书和公司章程规定的其他人员。 （二）控股股东，是指其出资额占有限责任公司资本总额百分之五十以上或者其持有的股份占股份有限公司股本总额百分之五十以上的股东；出资额或者持有股份的比例虽然不足百分之五十，但依其出资额或者持有的股份所享有的表决权已足以对股东会、股东大会的决议产生重大影响的股东。 （三）实际控制人，是指虽不是公司的股东，	**第二百六十五条** 本法下列用语的含义： （一）高级管理人员，是指公司的经理、副经理、财务负责人，上市公司董事会秘书和公司章程规定的其他人员。 （二）控股股东，是指其出资额占有限责任公司资本总额超过百分之五十或者其持有的股份占股份有限公司股本总额超过百分之五十的股东；出资额或者持有股份的比例虽然低于百分之五十，但依其出资额或者持有的股份所享有的表决权已足以对股东会的决议产生重大影响的股东。 （三）实际控制人，是指通过投资关系、协议或者其他安排，能够实际支	本条第3项删除了实际控制人“虽不是公司的股东”的规定。相较于控股股东通过股权控制公司的方式，实际控制人支配公司的方式更为隐蔽、复杂，其范围十分宽泛。实际控制人的规制基点在于其对公司行为的支配控制。

续表

2018年《公司法》	2023年《公司法》	修订要点
~~但~~通过投资关系、协议或者其他安排，能够实际支配公司行为的人。 （四）关联关系，是指公司控股股东、实际控制人、董事、监事、高级管理人员与其直接或者间接控制的企业之间的关系，以及可能导致公司利益转移的其他关系。但是，国家控股的企业之间不仅因为同受国家控股而具有关联关系。	配公司行为的人。 （四）关联关系，是指公司控股股东、实际控制人、董事、监事、高级管理人员与其直接或者间接控制的企业之间的关系，以及可能导致公司利益转移的其他关系。但是，国家控股的企业之间不仅因为同受国家控股而具有关联关系。	
~~**第二百一十七条**　外商投资的有限责任公司和股份有限公司适用本法；有关外商投资的法律另有规定的，适用其规定。~~		
第二百一十八条　本法自~~2006年1月1日~~起施行。	**第二百六十六条**　本法自2024年7月1日起施行。 **本法施行前已登记设立的公司，出资期限超过本法规定的期限的，除法律、行政法规或者国务院另有规定外，应当逐步调整**	本条新增新法实施前认缴期超过法定期限的公司的过渡安排，新增出资期限、出资额明显异常的行政处理方式。 具体过渡安排授权国务院规定。

续表

2018 年《公司法》	2023 年《公司法》	修订要点
	至本法规定的期限以内；对于出资期限、出资额明显异常的，公司登记机关可以依法要求其及时调整。具体实施办法由国务院规定。	

《最高人民法院关于适用〈中华人民共和国公司法〉若干问题的规定》（一）至（五）

最高人民法院关于适用《中华人民共和国公司法》若干问题的规定（一）（2014年修正）

（2006年3月27日最高人民法院审判委员会第1382次会议通过　根据2014年2月17日最高人民法院审判委员会第1607次会议《关于修改关于适用〈中华人民共和国公司法〉若干问题的规定的决定》修正　2014年2月20日发布　法释［2014］2号）

为正确适用2005年10月27日十届全国人大常委会第十八次会议修订的《中华人民共和国公司法》，对人民法院在审理相关的民事纠纷案件中，具体适用公司法的有关问题规定如下：

第一条【行为发生时法律的适用】

公司法实施后，人民法院尚未审结的和新受理的民事案件，其民事行为或事件发生在公司法实施以前的，适用当时的法律法规和司法解释。

第二条【公司法的参照适用】

因公司法实施前有关民事行为或者事件发生纠纷起诉到人民法院的，如当时的法律法规和司法解释没有明确规定时，可参照适用公司法的有关规定。

第三条【超过法定期限诉讼的不予受理】

原告以公司法第二十二条第二款、第七十四条第二款规定事由，向人民法院提起诉讼时，超过公司法规定期限的，人民法院不予受理。

第四条【股东代表诉讼下的期间和比例】

公司法第一百五十一条规定的180日以上连续持股期间，应为股东向人民法院提起诉讼时，已期满的持股时间；规定的合计持有公司百分之一以上股份，是指两个以上股东持股份额的合计。

第五条【再审案件的法律适用】

人民法院对公司法实施前已经终审的案件依法进行再审时，不适用公司法的规定。

第六条【规定的实施】

本规定自公布之日起实施。

最高人民法院关于适用《中华人民共和国公司法》若干问题的规定（二）（2020年修正）

（2008年5月5日最高人民法院审判委员会第1447次会议通过，根据2014年2月17日最高人民法院审判委员会第1607次会议《关于修改关于适用〈中华人民共和国公司法〉若干问题的规定的决定》第一次修正，根据2020年12月23日最高人民法院审判委员会第1823次会议通过的《最高人民法院关于修改〈最高人民法院关于破产企业国有划拨土地使用权应否列入破产财产等问题的批复〉等二十九件商事类司法解释的决定》第二次修正）

为正确适用《中华人民共和国公司法》，结合审判实践，就人民法院审理公司解散和清算案件适用法律问题作出如下规定。

第一条【解散公司诉讼的受理】

单独或者合计持有公司全部股东表决权百分之十以上的股东，以下列事由之一提起解散公司诉讼，并符合公司法第一百八十二条规定的，人民法院应予受理：

（一）公司持续两年以上无法召开股东会或者股东大会，公司经营管理发生严重困难的；

（二）股东表决时无法达到法定或者公司章程规定的比例，持续两年以上不能做出有效的股东会或者股东大会决议，公司经营管理发生严重困难的；

（三）公司董事长期冲突，且无法通过股东会或者股东大会解决，公司经营管理发生严重困难的；

（四）经营管理发生其他严重困难，公司继续存续会使股东利益受到重大损失的情形。

股东以知情权、利润分配请求权等权益受到损害，或者公司亏损、财产不足以偿还全部债务，以及公司被吊销企业法人营业执照未进行清算等为由，提起解散公司诉讼的，人民法院不予受理。

第二条【解散公司诉讼与公司清算案件的分离】

股东提起解散公司诉讼，同时又申请人民法院对公司进行清算的，人民法院对其提出的清算申请不予受理。人民法院可以告知原告，在人民法院判决解散公司后，依据民法典第七十条、公司法第一百八十三条和本规定第七条的规定，自行组织清算或者另行申请人民法院对公司进行清算。

第三条【解散公司诉讼中的保全】

股东提起解散公司诉讼时，向人民法院申请财产保全或者证据保全的，在股东提供担保且不影响公司正常经营的情形下，人民法院可予以保全。

第四条【解散公司诉讼的当事人】

股东提起解散公司诉讼应当以公司为被告。

原告以其他股东为被告一并提起诉讼的，人民法院应当告知原告将其他股东变更为第三人；原告坚持不予变更的，人民法院应当驳回原告对其他股东的起诉。

原告提起解散公司诉讼应当告知其他股东，或者由人民法院通知其参加诉讼。其他股东或者有关利害关系人申请以共同原告或者第三人身份参加诉讼的，人民法院应予准许。

第五条【解散公司诉讼中的调解】

人民法院审理解散公司诉讼案件，应当注重调解。当事人协商同意由公司或者股东收购股份，或者以减资等方式使公司存续，且不违反法律、行政法规强制性规定的，人民法院应予支持。当事人不能协商一致使公司存续的，人民法院应当及时判决。

经人民法院调解公司收购原告股份的，公司应当自调解书生效之日起六个月内将股份转让或者注销。股份转让或者注销之前，原告不得以公司收购其股份为由对抗公司债权人。

第六条【解散公司诉讼判决的约束力】

人民法院关于解散公司诉讼作出的判决，对公司全体股东具有法律约束力。

人民法院判决驳回解散公司诉讼请求后，提起该诉讼的股东或者其他股东又以同一事实和理由提起解散公司诉讼的，人民法院不予受理。

第七条【解散清算程序的启动】

公司应当依照民法典第七十条、公司法第一百八十三条的规定，在解散事由出现之日起十五日内成立清算组，开始自行清算。

有下列情形之一，债权人、公司股东、董事或其他利害关系人申请人民法院指定清算组进行清算的，人民法院应予受理：

(一) 公司解散逾期不成立清算组进行清算的；

（二）虽然成立清算组但故意拖延清算的；

（三）违法清算可能严重损害债权人或者股东利益的。

第八条【强制清算清算组成员的指定】

人民法院受理公司清算案件，应当及时指定有关人员组成清算组。

清算组成员可以从下列人员或者机构中产生：

（一）公司股东、董事、监事、高级管理人员；

（二）依法设立的律师事务所、会计师事务所、破产清算事务所等社会中介机构；

（三）依法设立的律师事务所、会计师事务所、破产清算事务所等社会中介机构中具备相关专业知识并取得执业资格的人员。

第九条【强制清算清算组成员的更换】

人民法院指定的清算组成员有下列情形之一的，人民法院可以根据债权人、公司股东、董事或其他利害关系人的申请，或者依职权更换清算组成员：

（一）有违反法律或者行政法规的行为；

（二）丧失执业能力或者民事行为能力；

（三）有严重损害公司或者债权人利益的行为。

第十条【清算中公司的民事诉讼】

公司依法清算结束并办理注销登记前，有关公司的民事诉讼，应当以公司的名义进行。

公司成立清算组的，由清算组负责人代表公司参加诉讼；尚未成立清算组的，由原法定代表人代表公司参加诉讼。

第十一条【解散清算事宜的通知】

公司清算时，清算组应当按照公司法第一百八十五条的规定，将公司解散清算事宜书面通知全体已知债权人，并根据公司规模和营业地域范围在全国或者公司注册登记地省级有影响的报纸上进行公告。

清算组未按照前款规定履行通知和公告义务，导致债权人未及时申报债权而未获清偿，债权人主张清算组成员对因此造成的损失承担赔偿责任的，人民法院应依法予以支持。

第十二条【核定债权的异议】

公司清算时，债权人对清算组核定的债权有异议的，可以要求清算组重新核定。清算组不予重新核定，或者债权人对重新核定的债权仍有异议，债权人以公司为被告向人民法院提起诉讼请求确认的，人民法院应予受理。

第十三条【债权的补充申报】

债权人在规定的期限内未申报债权，在公司清算程序终结前补充申报的，清算组应予登记。

公司清算程序终结，是指清算报告经股东会、股东大会或者人民法院确认完毕。

第十四条【补充申报债权的清偿】

债权人补充申报的债权，可以在公司尚未分配财产中依法清偿。公司尚未分配财产不能全额清偿，债权人主张股东以其在剩余财产分配中已经取得的财产予以清偿的，人民法院应予支持；但债权人因重大过错未在规定期限内申报债权的除外。

债权人或者清算组，以公司尚未分配财产和股东在剩余财产分配中已经取得的财产，不能全额清偿补充申报的债权为由，向人民法院提出破产清算申请的，人民法院不予受理。

第十五条【清算方案的确认】

公司自行清算的，清算方案应当报股东会或者股东大会决议确认；人民法院组织清算的，清算方案应当报人民法院确认。未经确认的清算方案，清算组不得执行。

执行未经确认的清算方案给公司或者债权人造成损失，公司、股东、董事、公司其他利害关系人或者债权人主张清算组成员承担赔偿责任的，人民法院应依法予以支持。

第十六条【强制清算的期限】

人民法院组织清算的，清算组应当自成立之日起六个月内清算完毕。

因特殊情况无法在六个月内完成清算的，清算组应当向人民法院申请延长。

第十七条【协定债务清偿方案】

人民法院指定的清算组在清理公司财产、编制资产负债表和财产清单时，发现公司财产不足清偿债务的，可以与债权人协商制作有关债务清偿方案。

债务清偿方案经全体债权人确认且不损害其他利害关系人利益的，人民法院可依清算组的申请裁定予以认可。清算组依据该清偿方案清偿债务后，应当向人民法院申请裁定终结清算程序。

债权人对债务清偿方案不予确认或者人民法院不予认可的，清算组应当依法向人民法院申请宣告破产。

第十八条【不作为的侵权民事责任】

有限责任公司的股东、股份有限公司的董事和控股股东未在法定期限内成立清算组开始清算，导致公司财产贬值、流失、毁损或者灭失，债权人主张其在造成损失范围内对公司债务承担赔偿责任的，人民法院应依法予以支持。

有限责任公司的股东、股份有限公司的董事和控股股东因怠于履行义务，导致公司主要财产、账册、重要文件等灭失，无法进行清算，债权人主张其对公司债务承担连带清偿责任的，人民法院应依法予以支持。

上述情形系实际控制人原因造成，债权人主张实际控制人对公司债务承担相应民事责任的，人民法院应依法予以支持。

第十九条【作为的侵权民事责任】

有限责任公司的股东、股份有限公司的董事和控股股东，以及公司的实际控制人在公司解散后，恶意处置公司财产给债权人造成损失，或者未经依法清算，以虚假的清算报告骗取公司登记机关办理法人注销登记，债权人主张其对公司债务承担相应赔偿责任的，人民法院应依法予以支持。

第二十条【未经清算注销的民事责任】

公司解散应当在依法清算完毕后，申请办理注销登记。公司未经清算即办理注销登记，导致公司无法进行清算，债权人主张有限责任公司的股东、股份有限公司的董事和控股股东，以及公司的实际控制人对公司债务承担清偿责任的，人民法院应依法予以支持。

公司未经依法清算即办理注销登记，股东或者第三人在公司登记机关办理注销登记时承诺对公司债务承担责任，债权人主张其对公司债务承担相应民事责任的，人民法院应依法予以支持。

第二十一条【清算义务人内部责任分担】

按照本规定第十八条和第二十条第一款的规定应当承担责任的有限责任公司的股东、股份有限公司的董事和控股股东，以及公司的实际控制人为二人以上的，其中一人或者数人依法承担民事责任后，主张其他人员按照过错大小分担责任的，人民法院应依法予以支持。

第二十二条【未缴出资下的清算及民事责任】

公司解散时，股东尚未缴纳的出资均应作为清算财产。股东尚未缴纳的出资，包括到期应缴未缴的出资，以及依照公司法第二十六条和第八十条的规定分期缴纳尚未届满缴纳期限的出资。

公司财产不足以清偿债务时，债权人主张未缴出资股东，以及公司设立时的其他股东或者发起人在未缴出资范围内对公司债务承担连带清偿责任的，人民法院应依法予以支持。

第二十三条【对清算组成员的诉讼】

清算组成员从事清算事务时，违反法律、行政法规或者公司章程给公司或者债权人造成损失，公司或者债权人主张其承担赔偿责任的，人民法院应依法予以支持。

有限责任公司的股东、股份有限公司连续一百八十日以上单独或者合计持有公司百分之一以上股份的股东，依据公司法第一百五十一条第三款的规定，以清算组成员有前款所述行为为由向人民法院提起诉讼的，人民法院应予受理。

公司已经清算完毕注销，上述股东参照公司法第一百五十一条第三款的规定，直接以清算组成员为被告、其他股东为第三人向人民法院提起诉讼的，人民法院应予受理。

第二十四条【案件的管辖】

解散公司诉讼案件和公司清算案件由公司住所地人民法院管辖。公司住所地是指公司主要办事机构所在地。公司办事机构所在地不明确的，由其注册地人民法院管辖。

基层人民法院管辖县、县级市或者区的公司登记机关核准登记公司的解散诉讼案件和公司清算案件；中级人民法院管辖地区、地级市以上的公司登记机关核准登记公司的解散诉讼案件和公司清算案件。

最高人民法院关于适用《中华人民共和国公司法》若干问题的规定（三）（2020年修正）

（2010年12月6日最高人民法院审判委员会第1504次会议通过，根据2014年2月17日最高人民法院审判委员会第1607次会议《关于修改关于适用〈中华人民共和国公司法〉若干问题的规定的决定》第一次修正，根据2020年12月23日最高人民法院审判委员会第1823次会议通过的《最高人民法院关于修改〈最高人民法院关于破产企业国有划拨土地使用权应否列入破产财产等问题的批复〉等二十九件商事类司法解释的决定》第二次修正）

为正确适用《中华人民共和国公司法》，结合审判实践，就人民法院审理公司设立、出资、股权确认等纠纷案件适用法律问题作出如下规定。

第一条【公司发起人界定】

为设立公司而签署公司章程、向公司认购出资或者股份并履行公司设立职责的人，应当认定为公司的发起人，包括有限责任公司设立时的股东。

第二条【发起人为设立公司以自己名义对外签订合同时的责任承担】

发起人为设立公司以自己名义对外签订合同，合同相对人请求该发起人承担合同责任的，人民法院应予支持；公司成立后合同相对人请求公司承担合同责任的，人民法院应予支持。

第三条【发起人为设立公司以设立中公司名义对外签订合同时的责任承担】

发起人以设立中公司名义对外签订合同，公司成立后合同相对人请求公司承担合同责任的，人民法院应予支持。

公司成立后有证据证明发起人利用设立中公司的名义为自己的利益与相对人签订合同，公司以此为由主张不承担合同责任的，人民法院应予支持，但相对人为善意的除外。

第四条【公司未成立时发起人对设立公司行为产生的费用和债务承担】

公司因故未成立，债权人请求全体或者部分发起人对设立公司行为所产生的费用和债务承担连带清偿责任的，人民法院应予支持。

部分发起人依照前款规定承担责任后，请求其他发起人分担的，人民法院应当判令其他发起人按照约定的责任承担比例分担责任；没有约定责任承担比例的，按照约定的出资比例分担责任；没有约定出资比例的，按照均等份额分担责任。

因部分发起人的过错导致公司未成立，其他发起人主张其承担设立行为所产生的费用和债务的，人民法院应当根据过错情况，确定过错一方的责任范围。

第五条【发起人因设立公司而发生的职务侵权行为的责任承担】

发起人因履行公司设立职责造成他人损害，公司成立后受害人请求公司承担侵权赔偿责任的，人民法院应予支持；公司未成立，受害人请求全体发起人承担连带赔偿责任的，人民法院应予支持。

公司或者无过错的发起人承担赔偿责任后，可以向有过错的发起人追偿。

第六条【股份公司认股人股款缴纳义务及发行人另行募集权】

股份有限公司的认股人未按期缴纳所认股份的股款，经公司发起人催缴后在合理期间内仍未缴纳，公司发起人对该股份另行募集的，人民法院应当认定该募集行为有效。认股人延期缴纳股款给公司造成损失，公司请求该认股人承担赔偿责任的，人民法院应予支持。

第七条【出资人以无处分权的财产及犯罪所得货币出资的效力及其处理】

出资人以不享有处分权的财产出资，当事人之间对于出资行为效力产生争议的，人民法院可以参照民法典第三百一十一条的规定予以认定。

以贪污、受贿、侵占、挪用等违法犯罪所得的货币出资后取得股权的，对违法犯罪行为予以追究、处罚时，应当采取拍卖或者变卖的方式处置其股权。

第八条【以划拨和设定权利负担的土地使用权出资的效力】

出资人以划拨土地使用权出资，或者以设定权利负担的土地使用权出资，公司、其他股东或者公司债权人主张认定出资人未履行出资义务的，人民法院应当责令当事人在指定的合理期间内办理土地变更手续或者解除权利负担；逾期未办理或者未解除的，人民法院应当认定出资人未依法全面履行出资义务。

第九条【非货币财产未依法评估与认定出资人未履行出资义务】

出资人以非货币财产出资，未依法评估作价，公司、其他股东或者公司债权人请求认定出资人未履行出资义务的，人民法院应当委托具有合法资格的评估机构对该财产评估作价。评估确定的价额显著低于公司章程所定价额的，人民法院应当认定出资人未依法全面履行出资义务。

第十条【以需要办理权属变更登记手续的财产出资、未办理手续或未实际交付时的法律后果】

出资人以房屋、土地使用权或者需要办理权属登记的知识产权等财产出资，已经交付公司使用但未办理权属变更手续，公司、其他股东或者公司债权人主张认定出资人未履行出资义务的，人民法院应当责令当事人在指定的合理期间内办理权属变更手续；在前述期间内办理了权属变更手续的，人民法院应当认定其已经履行了出资义务；出资人主张自其实际交付财产给公司使用时享有相应股东权利的，人民法院应予支持。

出资人以前款规定的财产出资，已经办理权属变更手续但未交付给公司使用，公司或者其他股东主张其向公司交付、并在实际交付之前不享有相应股东权利的，人民法院应予支持。

第十一条【出资人以其他公司股权出资的效力认定】

出资人以其他公司股权出资，符合下列条件的，人民法院应当认定出资人已履行出资义务：

（一）出资的股权由出资人合法持有并依法可以转让；

（二）出资的股权无权利瑕疵或者权利负担；

（三）出资人已履行关于股权转让的法定手续；

（四）出资的股权已依法进行了价值评估。

股权出资不符合前款第（一）、（二）、（三）项的规定，公司、其他股东或者公司债权人请求认定出资人未履行出资义务的，人民法院应当责令该出资人在指定的合理期间内采取补正措施，以符合上述条件；逾期未补正的，人民法院应当认定其未依法全面履行出资义务。

股权出资不符合本条第一款第（四）项的规定，公司、其他股东或者公司债权人请求认定出资人未履行出资义务的，人民法院应当按照本规定第九条的规定处理。

第十二条【股东抽逃出资认定】

公司成立后，公司、股东或者公司债权人以相关股东的行为符合下列情形之一且损害公司权益为由，请求认定该股东抽逃出资的，人民法院应予支持：

（一）制作虚假财务会计报表虚增利润进行分配；

（二）通过虚构债权债务关系将其出资转出；

（三）利用关联交易将出资转出；

（四）其他未经法定程序将出资抽回的行为。

第十三条【股东未履行或者未全面履行出资义务的责任】

股东未履行或者未全面履行出资义务，公司或者其他股东请求其向公司依法全面履行出资义务的，人民法院应予支持。

公司债权人请求未履行或者未全面履行出资义务的股东在未出资本息范围内对公司债务不能清偿的部分承担补充赔偿责任的，人民法院应予支持；未履行或者未全面履行出资义务的股东已经承担上述责任，其他债权人提出相同请求的，人民法院不予支持。

股东在公司设立时未履行或者未全面履行出资义务，依照本条第一款或者第二款提起诉讼的原告，请求公司的发起人与被告股东承担连带责任的，人民法院应予支持；公司的发起人承担责任后，可以向被告股东追偿。

股东在公司增资时未履行或者未全面履行出资义务，依照本条第一款或者第二款提起诉讼的原告，请求未尽公司法第一百四十七条第一款规定的义务而使出资未缴足的董事、高级管理人员承担相应责任的，人民法院应予支持；董事、高级管理人员承担责任后，可以向被告股东追偿。

第十四条【股东抽逃出资责任】

股东抽逃出资，公司或者其他股东请求其向公司返还出资本息、协助抽逃出资的其他股东、董事、高级管理人员或者实际控制人对此承担连带责任的，人民法院应予支持。

公司债权人请求抽逃出资的股东在抽逃出资本息范围内对公司债务不能清偿的部分承担补充赔偿责任、协助抽逃出资的其他股东、董事、高级管理人员或者实际控制人对此承担连带责任的，人民法院应予支持；抽逃出资的股东已经承担上述责任，其他债权人提出相同请求的，人民法院不予支持。

第十五条【已出资的非货币财产因客观因素贬值时的出资人责任】

出资人以符合法定条件的非货币财产出资后，因市场变化或者其他客观因素导致出资财产贬值，公司、其他股东或者公司债权人请求该出资人承担补足出资责任的，人民法院不予支持。但是，当事人另有约定的除外。

第十六条【未尽出资义务股东的股东权利限制】

股东未履行或者未全面履行出资义务或者抽逃出资，公司根据公司章程或者股东会决议对其利润分配请求权、新股优先认购权、剩余财产分配请求权等股东权利作出相应的合理限制，该股东请求认定该限制无效的，人民法院不予支持。

第十七条【股东除名行为效力】

有限责任公司的股东未履行出资义务或者抽逃全部出资，经公司催告缴纳或者返还，其在合理期间内仍未缴纳或者返还出资，公司以股东会决议解除该股东的股东资格，该股东请求确认该解除行为无效的，人民法院不予支持。

在前款规定的情形下，人民法院在判决时应当释明，公司应当及时办理法定减资程序或者由其他股东或者第三人缴纳相应的出资。在办理法定减资程序或者其他股东或者第三人缴纳相应的出资之前，公司债权人依照本规定第十三条或者第十四条请求相关当事人承担相应责任的，人民法院应予支持。

第十八条【瑕疵出资股权转让后出资责任的承担】

有限责任公司的股东未履行或者未全面履行出资义务即转让股权，受让人对此知道或者应当知道，公司请求该股东履行出资义务、受让人对此承担连带责任的，人民法院应予支持；公司债权人依照本规定第十三条第二款向该股东提起诉讼，同时请求前述受让人对此承担连带责任的，人民法院应予支持。

受让人根据前款规定承担责任后，向该未履行或者未全面履行出资义务的股东追偿的，人民法院应予支持。但是，当事人另有约定的除外。

第十九条【股东出资责任之诉不适用诉讼时效】

公司股东未履行或者未全面履行出资义务或者抽逃出资，公司或者其他股东请求其向公司全面履行出资义务或者返还出资，被告股东以诉讼时效为由进行抗辩的，人民法院不予支持。

公司债权人的债权未过诉讼时效期间，其依照本规定第十三条第二款、第十四条第二款的规定请求未履行或者未全面履行出资义务或者抽逃出资的股东承担赔偿责任，被告股东以出资义务或者返还出资义务超过诉讼时效期间为由进行抗辩的，人民法院不予支持。

第二十条【股东是否履行出资义务的举证责任承担】

当事人之间对是否已履行出资义务发生争议，原告提供对股东履行出资义务产生合理怀疑证据的，被告股东应当就其已履行出资义务承担举证责任。

第二十一条【股东资格确认之诉中的当事人列明】

当事人向人民法院起诉请求确认其股东资格的，应当以公司为被告，与案件争议股权有利害关系的人作为第三人参加诉讼。

第二十二条【股权归属确认之诉中应证明的事实】

当事人之间对股权归属发生争议，一方请求人民法院确认其享有股权的，应当证明以下事实之一：

(一) 已经依法向公司出资或者认缴出资，且不违反法律法规强制性规定；

(二) 已经受让或者以其他形式继受公司股权，且不违反法律法规强制性规定。

第二十三条【公司违反股权登记义务时对股东的救济】

当事人依法履行出资义务或者依法继受取得股权后，公司未根据公司法第三十一条、第三十二条的规定签发出资证明书、记载于股东名册并办理公司登记机关登记，当事人请求公司履行上述义务的，人民法院应予支持。

第二十四条【公司实际出资人投资权益与股东资格取得】

有限责任公司的实际出资人与名义出资人订立合同，约定由实际出资人出资并享有投资权益，以名义出资人为名义股东，实际出资人与名义股东对该合同效力发生争议的，如无法律规定的无效情形，人民法院应当认定该合同有效。

前款规定的实际出资人与名义股东因投资权益的归属发生争议，实际出资人以其实际履行了出资义务为由向名义股东主张权利的，人民法院应予支持。名义股东以公司股东名册记载、公司登记机关登记为由否认实际出资人权利的，人民法院不予支持。

实际出资人未经公司其他股东半数以上同意，请求公司变更股东、签发出资证明书、记载于股东名册、记载于公司章程并办理公司登记机关登记的，人民法院不予支持。

第二十五条【名义股东对其名下股权处分的效力】

名义股东将登记于其名下的股权转让、质押或者以其他方式处分，实际出资人以其对于股权享有实际权利为由，请求认定处分股权行为无效的，人民法院可以参照民法典第三百一十一条的规定处理。

名义股东处分股权造成实际出资人损失，实际出资人请求名义股东承担赔偿责任的，人民法院应予支持。

第二十六条【名义股东承担未履行出资义务时的相应责任】

公司债权人以登记于公司登记机关的股东未履行出资义务为由，请求其对公司债务不能清偿的部分在未出资本息范围内承担补充赔偿责任，股东以其仅为名义股东而非实际出资人为由进行抗辩的，人民法院不予支持。

名义股东根据前款规定承担赔偿责任后，向实际出资人追偿的，人民法院应予支持。

第二十七条【股权转让后原股东再次处分股权】

股权转让后尚未向公司登记机关办理变更登记，原股东将仍登记于其名下的股权转让、质押或者以其他方式处分，受让股东以其对于股权享有实际权利为由，请求认定处分股权行为无效的，人民法院可以参照民法典第三百一十一条的规定处理。

原股东处分股权造成受让股东损失，受让股东请求原股东承担赔偿责任、对于未及时办理变更登记有过错的董事、高级管理人员或者实际控制人承担相应责任的，人民法院应予支持；受让股东对于未及时办理变更登记也有过错的，可以适当减轻上述董事、高级管理人员或者实际控制人的责任。

第二十八条【被冒名登记为股东情形下的责任承担】

冒用他人名义出资并将该他人作为股东在公司登记机关登记的，冒名登记行为人应当承担相应责任；公司、其他股东或者公司债权人以未履行出资义务为由，请求被冒名登记为股东的承担补足出资责任或者对公司债务不能清偿部分的赔偿责任的，人民法院不予支持。

最高人民法院关于适用《中华人民共和国公司法》若干问题的规定(四)(2020年修正)

(2016年12月5日最高人民法院审判委员会第1702次会议通过，根据2020年12月23日最高人民法院审判委员会第1823次会议通过的《最高人民法院关于修改〈最高人民法院关于破产企业国有划拨土地使用权应否列入破产财产等问题的批复〉等二十九件商事类司法解释的决定》修正)

为正确适用《中华人民共和国公司法》，结合人民法院审判实践，现就公司决议效力、股东知情权、利润分配权、优先购买权和股东代表诉讼等案件适用法律问题作出如下规定。

第一条【无效之诉及不成立之诉的原告】

公司股东、董事、监事等请求确认股东会或者股东大会、董事会决议无效或者不成立的，人民法院应当依法予以受理。

第二条【决议撤销之诉的原告】

依据民法典第八十五条、公司法第二十二条第二款请求撤销股东会或者股东大会、董事会决议的原告，应当在起诉时具有公司股东资格。

第三条【其他当事人的诉讼地位】

原告请求确认股东会或者股东大会、董事会决议不成立、无效或者撤销决议的案件，应当列公司为被告。对决议涉及的其他利害关系人，可以依法列为第三人。

一审法庭辩论终结前，其他有原告资格的人以相同的诉讼请求申请参加前款规定诉讼的，可以列为共同原告。

第四条【可撤销决议的裁量驳回】

股东请求撤销股东会或者股东大会、董事会决议，符合民法典第八十五条、公司法第二十二条第二款规定的，人民法院应当予以支持，但会议召集程序或者表决方式仅有轻微瑕疵，且对决议未产生实质影响的，人民法院不予支持。

第五条【决议不成立】

股东会或者股东大会、董事会决议存在下列情形之一，当事人主张决议不成立的，人民法院应当予以支持：

（一）公司未召开会议的，但依据公司法第三十七条第二款或者公司章程规定可以不召开股东会或者股东大会而直接作出决定，并由全体股东在决定文件上签名、盖章的除外；

（二）会议未对决议事项进行表决的；

（三）出席会议的人数或者股东所持表决权不符合公司法或者公司章程规定的；

（四）会议的表决结果未达到公司法或者公司章程规定的通过比例的；

（五）导致决议不成立的其他情形。

第六条【决议无效或者被撤销的效力】

股东会或者股东大会、董事会决议被人民法院判决确认无效或者撤销的，公司依据该决议与善意相对人形成的民事法律关系不受影响。

第七条【知情权的主体】

股东依据公司法第三十三条、第九十七条或者公司章程的规定，起诉请求查阅或者复制公司特定文件材料的，人民法院应当依法予以受理。

公司有证据证明前款规定的原告在起诉时不具有公司股东资格的，人民法院应当驳回起诉，但原告有初步证据证明在持股期间其合法权益受到损害，请求依法查阅或者复制其持股期间的公司特定文件材料的除外。

第八条【不正当目的】

有限责任公司有证据证明股东存在下列情形之一的，人民法院应当认定股东有公司法第三十三条第二款规定的“不正当目的”：

（一）股东自营或者为他人经营与公司主营业务有实质性竞争关系业务的，但公司章程另有规定或者全体股东另有约定的除外；

（二）股东为了向他人通报有关信息查阅公司会计账簿，可能损害公司合法利益的；

（三）股东在向公司提出查阅请求之日前的三年内，曾通过查阅公司会计账簿，向他人通报有关信息损害公司合法利益的；

（四）股东有不正当目的的其他情形。

第九条【知情权的保护】

公司章程、股东之间的协议等实质性剥夺股东依据公司法第三十三条、第九十七条规定查阅或者复制公司文件材料的权利，公司以此为由拒绝股东查阅或者复制的，人民法院不予支持。

第十条【原告胜诉判决及执行】

人民法院审理股东请求查阅或者复制公司特定文件材料的案件，对原告诉讼请求予以支持的，应当在判决中明确查阅或者复制公司特定文件材料的时间、地点和特定文件材料的名录。

股东依据人民法院生效判决查阅公司文件材料的，在该股东在场的情况下，可以由会计师、律师等依法或者依据执业行为规范负有保密义务的中介机构执业人员辅助进行。

第十一条【不当行使知情权的赔偿责任】

股东行使知情权后泄露公司商业秘密导致公司合法利益受到损害，公司请求该股东赔偿相关损失的，人民法院应当予以支持。

根据本规定第十条辅助股东查阅公司文件材料的会计师、律师等泄露公司商业秘密导致公司合法利益受到损害，公司请求其赔偿相关损失的，人民法院应当予以支持。

第十二条【董事高管的民事责任】

公司董事、高级管理人员等未依法履行职责，导致公司未依法制作或者保存公司法第三十三条、第九十七条规定的公司文件材料，给股东造成损失，股东依法请求负有相应责任的公司董事、高级管理人员承担民事赔偿责任的，人民法院应当予以支持。

第十三条【当事人的诉讼地位】

股东请求公司分配利润案件，应当列公司为被告。

一审法庭辩论终结前，其他股东基于同一分配方案请求分配利润并申请参加诉讼的，应当列为共同原告。

第十四条【股东请求公司给付利润之诉的审理】

股东提交载明具体分配方案的股东会或者股东大会的有效决议，请求公司分配利润，公司拒绝分配利润且其关于无法执行决议的抗辩理由不成立的，人民法院应当判决公司按照决议载明的具体分配方案向股东分配利润。

第十五条【未提交决议请求分配利润】

股东未提交载明具体分配方案的股东会或者股东大会决议，请求公司分配利润的，人民法院应当驳回其诉讼请求，但违反法律规定滥用股东权利导致公司不分配利润，给其他股东造成损失的除外。

第十六条【排除适用】

有限责任公司的自然人股东因继承发生变化时，其他股东主张依据公司法第七十一条第三款规定行使优先购买权的，人民法院不予支持，但公司章程另有规定或者全体股东另有约定的除外。

第十七条【优先购买权的通知与行使】

有限责任公司的股东向股东以外的人转让股权，应就其股权转让事项以书面或者其他能够确认收悉的合理方式通知其他股东征求同意。其他股东半数以上不同意转让，不同意的股东不购买的，人民法院应当认定视为同意转让。

经股东同意转让的股权，其他股东主张转让股东应当向其以书面或者其他能够确认收悉的合理方式通知转让股权的同等条件的，人民法院应当予以支持。

经股东同意转让的股权，在同等条件下，转让股东以外的其他股东主张优先购买的，人民法院应当予以支持，但转让股东依据本规定第二十条放弃转让的除外。

第十八条【同等条件】

人民法院在判断是否符合公司法第七十一条第三款及本规定所称的“同等条件”时，应当考虑转让股权的数量、价格、支付方式及期限等因素。

第十九条【优先购买权行使期间】

有限责任公司的股东主张优先购买转让股权的，应当在收到通知后，在公司章程规定的行使期间内提出购买请求。公司章程没有规定行使期间或者规定不明确的，以通知确定的期间为准，通知确定的期间短于三十日或者未明确行使期间的，行使期间为三十日。

第二十条【股东放弃转让】

有限责任公司的转让股东，在其他股东主张优先购买后又不同意转让股权的，对其他股东优先购买的主张，人民法院不予支持，但公司章程另有规定或者全体股东另有约定的除外。其他股东主张转让股东赔偿其损失合理的，人民法院应当予以支持。

第二十一条【损害救济】

有限责任公司的股东向股东以外的人转让股权，未就其股权转让事项征求其他股东意见，或者以欺诈、恶意串通等手段，损害其他股东优先购买权，其他股东主张按照同等条件购买该转让股权的，人民法院应当予以支持，但其他股东自知道或者应当知道行使优先购买权的同等条件之日起三十日内没有主张，或者自股权变更登记之日起超过一年的除外。

前款规定的其他股东仅提出确认股权转让合同及股权变动效力等请求，未同时主张按照同等条件购买转让股权的，人民法院不予支持，但其他股东非因自身原因导致无法行使优先购买权，请求损害赔偿的除外。

股东以外的股权受让人，因股东行使优先购买权而不能实现合同目的的，可以依法请求转让股东承担相应民事责任。

第二十二条【优先购买权的特别规定】

通过拍卖向股东以外的人转让有限责任公司股权的，适用公司法第七十一条第二款、第三款或者第七十二条规定的“书面通知”“通知”“同等条件”时，根据相关法律、司法解释确定。

在依法设立的产权交易场所转让有限责任公司国有股权的，适用公司法第七十一条第二款、第三款或者第七十二条规定的“书面通知”“通知”“同等条件”时，可以参照产权交易场所的交易规则。

第二十三条【当事人的诉讼地位】

监事会或者不设监事会的有限责任公司的监事依据公司法第一百五十一条第一款规定对董事、高级管理人员提起诉讼的，应当列公司为原告，依法由监事会主席或者不设监事会的有限责任公司的监事代表公司进行诉讼。

董事会或者不设董事会的有限责任公司的执行董事依据公司法第一百五十一条第一款规定对监事提起诉讼的，或者依据公司法第一百五十一条第三款规定对他人提起诉讼的，应当列公司为原告，依法由董事长或者执行董事代表公司进行诉讼。

第二十四条【股东代表诉讼当事人的诉讼地位】

符合公司法第一百五十一条第一款规定条件的股东，依据公司法第一百五十一条第二款、第三款规定，直接对董事、监事、高级管理人员或者他人提起诉讼的，应当列公司为第三人参加诉讼。

一审法庭辩论终结前，符合公司法第一百五十一条第一款规定条件的其他股东，以相同的诉讼请求申请参加诉讼的，应当列为共同原告。

第二十五条【股东代表诉讼胜诉利益归属】

股东依据公司法第一百五十一条第二款、第三款规定直接提起诉讼的案件，胜诉利益归属于公司。股东请求被告直接向其承担民事责任的，人民法院不予支持。

第二十六条【费用承担】

股东依据公司法第一百五十一条第二款、第三款规定直接提起诉讼的案件，其诉讼请求部分或者全部得到人民法院支持的，公司应当承担股东因参加诉讼支付的合理费用。

第二十七条【施行日期及溯及力】

本规定自2017年9月1日起施行。

本规定施行后尚未终审的案件，适用本规定；本规定施行前已经终审的案件，或者适用审判监督程序再审的案件，不适用本规定。

最高人民法院关于适用《中华人民共和国公司法》若干问题的规定(五)(2020年修正)

(2019年4月22日最高人民法院审判委员会第1766次会议审议通过,根据2020年12月23日最高人民法院审判委员会第1823次会议通过的《最高人民法院关于修改〈最高人民法院关于破产企业国有划拨土地使用权应否列入破产财产等问题的批复〉等二十九件商事类司法解释的决定》修正)

为正确适用《中华人民共和国公司法》,结合人民法院审判实践,就股东权益保护等纠纷案件适用法律问题作出如下规定。

第一条【关联交易损害公司利益的认定与救济】

关联交易损害公司利益,原告公司依据民法典第八十四条、公司法第二十一条规定请求控股股东、实际控制人、董事、监事、高级管理人员赔偿所造成的损失,被告仅以该交易已经履行了信息披露、经股东会或者股东大会同意等法律、行政法规或者公司章程规定的程序为由抗辩的,人民法院不予支持。

公司没有提起诉讼的,符合公司法第一百五十一条第一款规定条件的股东,可以依据公司法第一百五十一条第二款、第三款规定向人民法院提起诉讼。

第二条【关联交易存在效力瑕疵时的股东代表诉讼】

关联交易合同存在无效、可撤销或者对公司不发生效力的情形,公司没有起诉合同相对方的,符合公司法第一百五十一条第一款规定条件的股东,可以依据公司法第一百五十一条第二款、第三款规定向人民法院提起诉讼。

第三条【董事职务的无因解除与补偿】

董事任期届满前被股东会或者股东大会有效决议解除职务,其主张解除不发生法律效力的,人民法院不予支持。

董事职务被解除后,因补偿与公司发生纠纷提起诉讼的,人民法院应当依据法律、行政法规、公司章程的规定或者合同的约定,综合考虑解除的原因、剩余任期、董事薪酬等因素,确定是否补偿以及补偿的合理数额。

第四条【公司分配利润的期限限制】

分配利润的股东会或者股东大会决议作出后,公司应当在决议载明的时间内完成利润分配。决议没有载明时间的,以公司章程规定的为准。决议、章程中均未规定时间或者时间超过一年的，公司应当自决议作出之日起一年内完成利润分配。

决议中载明的利润分配完成时间超过公司章程规定时间的，股东可以依据民法典第八十五条、公司法第二十二条第二款规定请求人民法院撤销决议中关于该时间的规定。

第五条【股东重大分歧的解决机制】

人民法院审理涉及有限责任公司股东重大分歧案件时，应当注重调解。当事人协商一致以下列方式解决分歧，且不违反法律、行政法规的强制性规定的，人民法院应予支持：

（一）公司回购部分股东股份；

（二）其他股东受让部分股东股份；

（三）他人受让部分股东股份；

（四）公司减资；

（五）公司分立；

（六）其他能够解决分歧，恢复公司正常经营，避免公司解散的方式。

第六条【施行日期】

本规定自2019年4月29日起施行。

本规定施行后尚未终审的案件，适用本规定；本规定施行前已经终审的案件，或者适用审判监督程序再审的案件，不适用本规定。

本院以前发布的司法解释与本规定不一致的，以本规定为准。

2023年《公司法（修订草案）》历次审议说明

关于《中华人民共和国公司法（修订草案一审稿）》的说明（2021年12月20日）

一、关于公司法修改的必要性

公司是最重要的市场主体，公司法是社会主义市场经济制度的基础性法律。我国现行公司法于1993年制定，1999年、2004年对个别条款进行了修改，2005年进行了全面修订，2013年、2018年又对公司资本制度相关问题作了两次重要修改。公司法的制定和修改，与我国社会主义市场经济体制的建立和完善密切相关，颁布实施近30年来，对于建立健全现代企业制度，促进社会主义市场经济持续健康发展，发挥了重要作用。

党的十八大以来，以习近平同志为核心的党中央统筹推进“五位一体”总体布局，协调推进“四个全面”战略布局，在深化国有企业改革、优化营商环境、加强产权保护、促进资本市场健康发展等方面作出重大决策部署，推动公司制度和实践进一步完善发展，公司注册登记数量由2013年的1033万家增加到3800万家，同时对公司法修改提出一系列任务要求。

第一，修改公司法，是深化国有企业改革、完善中国特色现代企业制度的需要。习近平总书记强调，坚持党对国有企业的领导是重大政治原则，必须一以贯之；建立现代企业制度是国有企业的改革方向，也必须一以贯之。党的十八届三中全会决定提出，推动国有企业完善现代企业制度；健全协调运转、有效制衡的公司法人治理结构。党的十九届三中全会决定提出，将国有重点大型企业监事会职责划入审计署，不再设立国有重点大型企业监事会。党的十九届四中全会决定提出，要深化国有企业改革，完善中国特色现代企业制度；增强国有经济竞争力、创新力、控制力、影响力和抗风险能力。党中央、国务院《关于深化国有企业改革的指导意见》等对推进国有企业改革发展作出具体部署。修改公司法，贯彻落实党中央关于深化国有企业改革决策部署，是巩固深化国有企业治理改革成果，完善中国特色现代企业制度，促进国有经济高质量发展的必然要求。

第二，修改公司法，是持续优化营商环境、激发市场创新活力的需要。法治是最好的营商环境。党的十八大以来，党中央、国务院深入推进简政放权、放管结合、优化服务，持续改善营商环境。修改公司法，为方便公司设立、退出提供制度保障，为便利公司融资投资、优化治理机制提供更为丰富的制度性选择，降低公司运行成本，是推动打造市场化、法治化、国际化营商环境，更好激发市场创新动能和活力的客观需要。

第三，修改公司法，是完善产权保护制度、依法加强产权保护的需要。党的十八届四中全会决定提出，健全以公平为核心原则的产权保护制度，加强对各种所有制经济组织和自然人财产权的保护。党的十八届五中全会决定提出，推进产权保护法治化，依法保护各种所有制经济权益。党的十九大把“两个毫不动摇”写入新时代坚持和发展中国特色社会主义的基本方略。修改公司法，健全以企业组织形式和出资人承担责任方式为主的市场主体法律制度，规范公司的组织和行为，完善公司设立、运营、退出各环节相关当事人责任，切实维护公司、股东、债权人的合法权益，是完善产权保护制度、加强产权平等保护的重要内容。

第四，修改公司法，是健全资本市场基础性制度、促进资本市场健康发展的需要。习近平总书记强调，加快资本市场改革，尽快形成融资功能完备、基础制度扎实、市场监管有效、投资者合法权益得到充分保护的多层次市场体系。修改公司法，完善公司资本、公司治理等基础性制度，加强对投资者特别是中小投资者合法权益的保护，是促进资本市场健康发展、有效服务实体经济的重要举措。

同时，现行公司法律制度存在一些与改革和发展不适应、不协调的问题，主要是：有些制度滞后于近年来公司制度的创新实践；我国公司制度发展历程还不长，有些基础性制度尚有欠缺或者规定较为原则；公司监督制衡、责任追究机制不完善，中小投资者和债权人保护需要加强等。十三届全国人大以来，全国人大代表共有 548 人次提出相关议案、建议，呼吁修改完善公司法；一些专家学者、有关部门等通过多种方式提出修改公司法的意见建议。

各方面普遍认为，在贯彻新发展理念、构建新发展格局、推动高质量发展的过程中，市场经济体制改革不断深入，市场主体积极探索，创造了丰富的公司制度实践经验；司法机关根据公司法和公司纠纷裁判活动，制定出台了一系列司法解释和裁判规则；公司法理论研究不断深入，取得丰硕成果，为公司法修改完善提供了重要的基础和支撑。

二、关于起草工作和把握的几点

公司法修改列入了十三届全国人大常委会立法规划和年度立法工作计划。2019 年初，法制工作委员会成立由中央有关部门、部分专家学者参加的公司法修改起草组，并组成工作专班，抓紧开展起草工作。在工作中，充分发挥全国人大代表的作用，通过多种方式听取他们的意见；成立专家组并委托专家学者对重点难点问题开展专题研究；请最高人民法院、国务院国资委、国家市场监管总局、中国证监会总结梳理公司法实施情况，提出修法建议。在上述工作基础上，经多次征求意见、反复修改完善，形成了公司法修订草案征求意见稿，送各省（区、市）人大常委会和中央有关部门共 54 家单位征求意见。总的认为，征求意见稿贯彻落实党中央一系列部署要求，深入总结实践经验，修改思路清晰，修改内容系统全面、针对性强，重要制度的充实完善符合实际，基本可行。法制工作委员会根据反馈意见对征求意见稿又作了修改完善，形成了《中华人民共和国公司法（修订草案）》。

起草工作注意把握以下几点：一是，坚持正确政治方向。贯彻落实党中央决策部署对完善公司法律制度提出的各项任务要求，充分发挥市场在资源配置中的决定性作用，更好发挥政府作用，完善中国特色现代企业制度，为坚持和完善我国基本经济制度提供坚实法制保障。二是，在现行公司法基本框架和主要制度的基础上作系统修改。保持现行公司法框架结构、基本制度稳定，维护法律制度的连续性、稳定性，降低制度转换成本；同时，适应经济社会发展变化的新形势新要求，针对实践中的突出问题和制度短板，对现行公司法作系统的修改完善。三是，坚持立足国情与借鉴国际经验相结合。从我国实际出发，将实践中行之有效的做法和改革成果上升为法律规范；同时注意吸收借鉴一些国家公司法律制度有益经验，还适应世界银行营商环境评价，作了一些有针对性的修改。四是，处理好与其他法律法规的关系。做好公司法修改与民法典、外商投资法、证券法、企业国有资产法以及正在修改的企业破产法等法律的衔接，并合理吸收相关行政法规、规章、司法解释的成果。

三、关于修订草案的主要内容

修订草案共15章260条，在现行公司法13章218条的基础上，实质新增和修改70条左右。主要修改内容包括：

（一）坚持党对国有企业的领导

坚持党的领导，是国有企业的本质特征和独特优势，是完善中国特色现代企业制度的根本要求。修订草案依据党章规定，明确党对国有企业的领导，保证党组织把方向、管大局、保落实的领导作用，规定："国家出资公司中中国共产党的组织，按照中国共产党章程的规定发挥领导作用，研究讨论公司重大经营管理事项，支持股东会、董事会、监事会、高级管理人员依法行使职权"。

同时，修订草案继续坚持现行公司法关于在各类型公司中根据党章规定设立党的组织，开展党的活动，公司应当为党组织的活动提供必要条件等规定。

（二）关于完善国家出资公司特别规定

深入总结国有企业改革成果，在现行公司法关于国有独资公司专节的基础上，设"国家出资公司的特别规定"专章：一是，将适用范围由国有独资有限责任公司，扩大到国有独资、国有控股的有限责任公司、股份有限公司。二是，明确国家出资公司由国有资产监督管理机构等根据授权代表本级政府履行出资人职责；履行出资人职责的机构就重要的国家出资公司的重大事项作出有关决定前，应当报本级政府批准；国家出资公司应当依法建立健全内部监督管理和风险控制制度。三是，落实党中央有关部署，加强国有独资公司董事会建设，要求国有独资公司董事会成员中外部董事应当超过半数；并在董事会中设置审计委员会等专门委员会，同时不再设监事会。

（三）关于完善公司设立、退出制度

深入总结党的十八大以来持续优化营商环境改革成果，完善公司登记制度，进一步简便公司设立和退出。一是，新设公司登记一章，明确公司设立登记、变更登记、注销登记的事项和程序；同时要求公司登记机关优化登记流程，提高登记效率和便利化水平。二是，充分利用信息化建设成果，明确电子营业执照、通过统一的企业信息公示系统发布公告、采用电子通讯方式作出决议的法律效力。三是，扩大可用作出资的财产范围，明确股权、债权可以作价出资；放宽一人有限责任公司设立等限制，并允许设立一人股份有限公司。四是，完善公司清算制度，强化清算义务人和清算组成员的义务和责任；增加规定，经全体股东对债务履行作出承诺，可以通过简易程序注销登记。

（四）关于优化公司组织机构设置

贯彻落实党中央关于完善中国特色现代企业制度的要求，深入总结我国公司制度创新实践经验，在组织机构设置方面赋予公司更大自主权。一是，突出董事会在公司治理中的地位，并根据民法典的有关规定，明确董事会是公司的执行机构。二是，根据国有独资公司、国有资本投资运营公司董事会建设实践，并为我国企业走出去及外商到我国投资提供便利，允许公司选择单层制治理模式（即只设董事会、不设监事会）。公司选择只设董事会的，应当在董事会中设置由董事组成的审计委员会负责监督；其中，股份有限公司审计委员会的成员应过半数为非执行董事。三是，进一步简化公司组织机构设置，对于规模较小的公司，可以不设董事会，股份有限公司设一至二名董事，有限责任公司设一名董事或者经理；规模较小的公司还可以不设监事会，设一至二名监事。

同时，现行公司法在职工董事的设置方面，只对国有独资和国有全资的有限责任公司提出了要求。为更好保障职工参与公司民主管理、民主监督，修订草案扩大设置职工董事的公司范围，并不再按公司所有制类型对职工董事的设置提出要求。考虑到修订草案已规定规模较小的公司不设董事会，并综合考虑中型企业划分标准等因素，规定：职工人数三百人以上的公司，董事会成员中应当有职工代表；其他公司董事会成员中可以有职工代表。

（五）关于完善公司资本制度

为提高投融资效率并维护交易安全，深入总结企业注册资本制度改革成果，吸收借鉴国外公司法律制度经验，丰富完善公司资本制度。一是，在股份有限公司中引入授权资本制，即股份有限公司设立时只需发行部分股份，公司章程或者股东会可以作出授权，由董事会根据公司运营的实际需要决定发行剩余股份。这样既方便股份有限公司设立，又给予了公司发行新股筹集资本的灵活性，并且能够减少公司注册资本虚化等问题的发生。二是，为适应不同投资者的投资需求，对已有较多实践的类别股作出规定，包括优先股和劣后股、特殊表决权股、转让受限股等；允许公司根据章程择一采用面额股或者无面额股；按照反洗钱有关要求，并根据我国股票发行的实际，取消无记名股。三是，增加简易减资制度，即：公司按照规定弥补亏损后仍有亏损的，可以进行简易减资，但不得向股东进行分配。

同时，加强对股东出资和股权交易行为的规范，维护交易安全。一是，增加股东欠缴出资的失权制度，规定：股东未按期足额缴纳出资，经公司催缴后在规定期限内仍未缴纳出资的，该股东丧失其未缴纳出资的股权。二是，增加有限责任公司股东认缴出资的加速到期制度，规定：公司不能清偿到期债务，且明显缺乏清偿能力的，公司或者债权人有权要求已认缴出资但未届缴资期限的股东提前缴纳出资。三是，明确瑕疵股权转让时转让方、受让方的出资责任。

（六）关于强化控股股东和经营管理人员的责任

落实党中央关于产权平等保护等要求，总结吸收公司法司法实践经验，完善控股股东和经营管理人员责任制度。一是，完善董事、监事、高级管理人员忠实义务和勤勉义务的具体内容；加强对关联交易的规范，扩大关联人的范围，增加关联交易报告义务和回避表决规则。二是，强化董事、监事、高级管理人员维护公司资本充实的责任，包括：股东欠缴出资和抽逃出资，违反本法规定分配利润和减少注册资本，以及违反本法规定为他人取得本公司股份提供财务资助时，上述人员的赔偿责任。三是，增加规定：董事、高级管理人员执行职务，因故意或者重大过失，给他人造成损害的，应当与公司承担连带责任。四是，针对实践中控股股东、实际控制人滥用控制地位侵害公司及中小股东权益的突出问题，借鉴一些国家法律规定，明确：公司的控股股东、实际控制人利用其对公司的影响，指使董事、高级管理人员从事损害公司利益或者股东利益的行为，给公司或者股东造成损失的，与该董事、高级管理人员承担连带责任。

（七）关于加强公司社会责任

贯彻党的十八届四中全会决定有关要求，加强公司社会责任建设，增加规定：公司从事经营活动，应当在遵守法律法规规定义务的基础上，充分考虑公司职工、消费者等利益相关者的利益以及生态环境保护等社会公共利益，承担社会责任；国家鼓励公司参与社会公益活动，公布社会责任报告。

公司法修订草案和以上说明是否妥当，请审议。

关于《中华人民共和国公司法（修订草案二审稿）》修改情况的汇报（2022 年 12 月 27 日）

全国人民代表大会常务委员会：

常委会第三十二次会议对公司法修订草案进行了初次审议。会后，法制工作委员会将修订草案印发各省（区、市）人大、中央有关部门、部分中央企业和基层立法联系点、全国人大代表、研究机构等征求意见；在中国人大网全文公布修订草案，征求社会公众意见。宪法和法律委员会、法制工作委员会联合召开座谈会，听取全国人大代表、中央有关部门和专家学者对修订草案的意见；并就修订草案的有关问题与有关方面交换意见，共同研究。宪法和法律委员会于 11 月 29 日召开会议，根据常委会组成人员的审议意见和各方面意见，对修订草案进行了逐条审议。财政经济委员会、最高人民法院、司法部、国家市场监督管理总局、中国证券监督管理委员会有关负责同志列席了会议。现将公司法修订草案主要问题修改情况汇报如下：

一、有的意见建议贯彻党的二十大精神，在立法目的中增加“完善中国特色现代企业制度，弘扬企业家精神”的内容。宪法和法律委员会经研究，建议采纳这一意见。

二、有的常委会组成人员、地方、部门和专家学者建议进一步强化股东的出资责任。宪法和法律委员会经研究，建议作以下修改：一是完善失权股权处理规定，明确未按期足额缴纳出资的股东失权后，失权股权在六个月内未转让或者注销的，由公司其他股东按照其出资比例足额缴纳相应出资；股东未按期足额缴纳出资，给公司造成损失的，应当承担赔偿责任。二是明确公司不能清偿到期债务的，公司或者已到期债权的债权人有权要求已认缴出资但未届缴资期限的股东提前缴纳出资。三是对于股东转让已认缴出资但未届缴资期限的股权的，在受让人承担缴纳出资义务的基础上，明确受让人未按期足额缴纳出资的，出让人对受让人未按期缴纳的出资承担补充责任。

三、有的常委委员、地方、部门和专家学者、社会公众建议进一步完善公司组织机构设置及其职权相关规定，提升公司治理效果。宪法和法律委员会经研究，建议作以下修改：一是进一步厘清股东会和董事会的职权划分，恢复现行公司法关于董事会职权的列举规定，明确股东会可以对其职权范围内的部分事项

（如发行公司债券）授权董事会作出决议。二是完善关于董事会成员中职工代表的相关规定，明确职工人数三百人以上的公司，除依法设监事会并有公司职工代表的外，其董事会成员中应当有公司职工代表。三是明确公司在董事会中设置审计委员会行使本法规定的监事会职权的，不设监事会或者监事；进一步明确股份有限公司审计委员会的人员组成和资格要求。四是为了进一步提高公司治理的灵活性，明确规模较小的有限责任公司经全体股东一致同意，也可以不设监事。

四、有的常委委员、地方、部门和专家学者、社会公众建议进一步完善董事责任的相关规定；有的建议增加关于董事责任保险的规定。宪法和法律委员会经研究，建议作以下修改：一是将修订草案第一百九十条修改为，董事、高级管理人员执行职务，给他人造成损害的，公司应当承担赔偿责任；董事、高级管理人员存在故意或者重大过失的，也应当承担赔偿责任。二是增加一条规定：公司可以在董事任职期间为董事因执行公司职务承担的赔偿责任投保责任保险。公司为董事投保责任保险或者续保后，董事会应当向股东会报告责任保险的投保金额、承保范围及保险费率等内容。

五、有的常委委员、地方、部门和专家学者建议进一步完善上市公司组织机构的相关规定，强化上市公司治理。宪法和法律委员会经研究，建议作以下修改：一是授权国务院证券监督管理机构对上市公司独立董事的具体管理办法作出规定。二是增加上市公司审计委员会职权的规定。三是明确上市公司应当依法披露股东、实际控制人的信息，相关信息应当真实、准确、完整。禁止违反法律、行政法规的规定，代持上市公司股票。四是明确上市公司控股子公司不得取得该上市公司的股份，对于控股子公司因公司合并、质权行使等原因持有上市公司股份的，不得行使所持股份对应的表决权，并应当及时处分相关上市公司股份。

六、有的地方、部门和企业建议根据国有企业改革实践，对修订草案关于国家出资公司的规定进行修改完善，并与企业国有资产法做好衔接。宪法和法律委员会经研究，建议作以下修改：一是将“第六章国家出资公司的特别规定”调整为第七章，并将章名改为“国家出资公司组织机构的特别规定”，删除企业国有资产法中已经有明确规定的内容。二是落实党中央关于深化国有企业监事会改革要求，明确国有独资公司不设监事会或者监事，董事会审计委员会行使监事会相关职权。

七、有的意见提出，为解决实践中公司注销难、“僵尸公司”大量存在的问题，建议根据地方实践经验，增加强制注销的内容。宪法和法律委员会经研究，建议增加一条规定：公司被吊销营业执照、责令关闭或者被撤销，满三年未清算完毕的，公司登记机关可以通过统一的企业信息公示系统予以公告，公告期限不少于六十日。公告期限届满后，未有异议的，公司登记机关可以注销公司登记。被强制注销公司登记的，原公司股东、清算义务人的责任不受影响。

此外，还对修订草案作了一些文字修改。

修订草案二次审议稿已按上述意见作了修改，宪法和法律委员会建议提请本次常委会会议继续审议。

修订草案二次审议稿和以上汇报是否妥当，请审议。

关于《中华人民共和国公司法（修订草案三审稿）》修改情况的汇报（2023年8月28日）

全国人民代表大会常务委员会：

公司是最重要的市场主体，公司法是社会主义市场经济的基础性法律。我国现行公司法于1993年制定，1999年、2004年、2013年、2018年对个别条款进行了修改，2005年进行了全面修订。

为落实党中央关于深化国有企业改革、优化营商环境、加强产权保护、促进资本市场健康发展等重大决策部署，公司法修改列入十三届全国人大常委会立法规划。法制工作委员会组织成立由中央有关部门和专家学者组成的修改起草组，研究起草，形成修订草案。2021年11月，中央政治局常委会会议审议并原则同意常委会党组关于公司法修订草案的请示和汇报。2021年12月，十三届全国人大常委会第三十二次会议审议了由委员长会议提请审议的公司法修订草案。2022年12月，十三届全国人大常委会第三十八次会议对修订草案进行了二次审议。

宪法和法律委员会、法制工作委员会通过召开座谈会、实地调研等方式听取各方面意见，在中国人大网全文公布修订草案，公开征求社会公众意见。起草和修改工作注意把握以下几点：一是，坚持正确政治方向。二是，在现行公司法基本框架和制度基础上作系统修改。三是，坚持立足国情与借鉴国际经验相结合。四是，处理好与其他法律法规的关系。

经过两次审议后的修订草案主要内容包括：一是，贯彻落实党中央决策部署。坚持党对国有企业的领导，规定国家出资公司中中国共产党的组织的领导作用；贯彻党的二十大精神，在立法目的中增加完善中国特色现代企业制度，弘扬企业家精神的规定。二是，设国家出资公司组织机构的特别规定专章。将适用范围由国有独资有限责任公司，扩大到国有独资、国有控股的有限责任公司、股份有限公司；要求国有独资公司董事会成员中外部董事应当过半数；落实中央关于监事会改革要求，明确国有独资公司在董事会中设置由董事组成的审计委员会行使监事会职权的，不设监事会或者监事；增加国家出资公司应当依法建立健全内部监督管理和风险控制制度的规定。三是，完善公司设立、退出制度。新设公司登记一章，明确公司登记事项和程序；明确电子营业执照、采用电子通讯方式作出决议的法律效力；扩大可用作出资的财产范围，明确股权、债权可以作价出资；放宽一人有限责任公司设立等限制，并允许设立一人股份有限公司；明确清算义务人及其责任；增加简易注销和强制注销制度。四是，优化公司组织机构设置。允许公司只设董事会、不设监事会，公司只设董事会的，应当在董事会中设置审计委员会行使监事会职权；简化公司组织机构设置，对于规模较小或者股东人数较少的公司，可以不设董事会（监事会），设一名董事（监事）；对于规模较小或者股东人数较少的有限责任公司，经全体股东一致同意，可以不设监事；为更好保障职工参与公司民主管理，规定职工人数三百人以上的公司，除依法设监事会并有公司职工代表的外，其董事会成员中应当有公司职工代表。五是，完善公司资本制度。在股份有限公司中引入授权资本制，允许公司章程或者股东会授权董事会发行股份；规定公司可以发行优先股和劣后股、特殊表决权股、转让受限股等类别股；允许公司择一采用面额股或者无面额股；取消无记名股；增加简易减资制度；增加股东欠缴出资的失权制度、股东认缴出资加速到期制度，明确股权转让时转让方、受让方的出资责任。六是，强化控股股东、实际控制人和董事、监事、高级管理人员的责任。完善忠实和勤勉义务的具体内容；加强对关联交易的规范，增加关联交易报告义务和回避表决规则；强化董监高维护公司资本充实的责任；规定董事、高级管理人员执行职务存在故意或者重大过失的，也应当对他人承担赔偿责任；规定公司的控股股东、实际控制人指示董事、高级管理人员从事损害公司或者股东利益的行为的，与该董事、高级管理人员承担连带责任。七是，加强公司社会责任。规定公司应当充分考虑公司职工、消费者等利益相关者的利益以及生态环境保护等社会公共利益，承担社会责任。

本届以来，宪法和法律委员会、法制工作委员会就修订草案二次审议稿的有关问题多次召开座谈会，并到北京、福建进行调研，进一步听取有关方面意见。宪法和法律委员会于 7 月 26 日召开会议，根据常委会组成人员审议意见和各方面的意见，对草案进行了逐条审议。财政经济委员会、最高人民法院、司法部、国家市场监督管理总局、中国证券监督管理委员会有关负责同志列席了会议。8 月 23 日，宪法和法律委员会召开会议，再次进行了审议。现将公司法修订草案主要问题修改情况汇报如下：

一、有的地方、部门、专家学者和社会公众提出，自 2014 年修改公司法实施注册资本认缴登记制，取消出资期限、最低注册资本和首期出资比例以来，方便了公司设立，激发了创业活力，公司数量增加迅速。但实践中也出现股东认缴期限过长，影响交易安全、损害债权人利益的情形。建议在总结实践经验的基础上，进一步完善认缴登记制度，维护资本充实和交易安全。宪法和法律委员会经会同有关方面研究，建议增加有限责任公司股东认缴期限的规定，明确全体股东认缴的出资额应当按照公司章程的规定自公司成立之日起五年内缴足。

二、有的地方、部门、专家学者和社会公众提出，职工是公司重要的利益相关者，建议进一步强化公司民主管理，维护职工合法权益。宪法和法律委员会经研究，建议作以下修改：一是，明确公司应当依照宪法和有关法律的规定，建立健全以职工代表大会为基本形式的民主管理制度；二是，完善董事会中职工代表的有关规定，除对职工三百人以上不设监事会的公司董事会设职工代表作出强制要求外，进一步明确，其他公司的董事会成员中可以有职工代表。

三、有的常委会组成人员、地方、部门、专家学者和社会公众提出，为进一步落实产权平等保护要求，建议进一步完善中小股东权利保护相关规定。宪法和法律委员会经研究，建议作以下修改：一是，规定控股股东滥用股东权利，严重损害公司或者其他股东利益的，其他股东有权请求公司按照合理的价格收购其股权；二是，完善股份有限公司股东查阅、复制公司有关材料的规定；三是，增加公司不得提高临时提案股东持股比例的规定；四是，规定公司减少注册资本，应当按照股东出资或者持有股份的比例相应减少出资额或者股份，法律另有规定的除外。

四、有的常委委员、地方、部门、专家学者和社会公众提出，实践中有的控股股东、实际控制人虽不在公司任职但实际控制公司事务，通过关联交易等方式，侵害公司利益，建议进一步强化对控股股东和实际控制人的规范。宪法和法律委员会经研究，建议增加规定，控股股东、实际控制人不担任公司董事但实际执行公司事务的，适用董事对公司负有忠实义务和勤勉义务的规定。

五、有的地方、部门、专家学者和社会公众建议，落实党中央关于公司债券管理体制改革要求，适应债券市场发展实践需要，完善相关规定。宪法和法律委员会经研究，建议作以下修改：一是，根据《关于国务院机构改革方案的决定》将国家发改委的企业债券审核职责划入中国证监会的要求，删去国务院授权的部门对公开发行债券注册的规定；二是，明确公司债券可以公开发行，也可以非公开发行；三是，将债券存根簿改为债券持有人名册；四是，将发行可转债的公司由上市公司扩大到所有股份有限公司；五是，增加债券持有人会议决议规则和效力的规定，增加债券受托管理人相关规定。

六、有的常委委员、地方、部门和社会公众建议增加对提交虚假材料取得公司登记的直接责任人员的处罚；同时，对违反会计法、资产评估法的违法行为的处罚与相关法律做好衔接。宪法和法律委员会经研究，建议作以下修改：一是，增加规定，对虚报注册资本、提交虚假材料或者采取其他欺诈手段隐瞒重要事实取得公司登记的直接负责主管人员和其他直接责任人员处以一万元以上五万元以下的罚款；二是，对违反会计法、资产评估法等的违法行为，规定按照会计法、资产评估法、注册会计师法等法律、行政法规的规定处罚。

此外，还对修订草案二次审议稿作了一些文字修改。

修订草案三次审议稿已按上述意见作了修改，宪法和法律委员会建议提请本次常委会会议继续审议。

修订草案三次审议稿和以上汇报是否妥当，请审议。

关于《中华人民共和国公司法（修订草案四审稿）》审议结果的报告（2023 年 12 月 25 日）

全国人民代表大会常务委员会：

常委会第五次会议对公司法修订草案进行了三次审议。会后，法制工作委员会在中国人大网全文公布修订草案，征求社会公众意见。宪法和法律委员会、法制工作委员会赴上海调研，听取意见；并就修订草案中的主要问题与有关方面交换意见，共同研究。宪法和法律委员会于 12 月 5 日召开会议，根据常委会组成人员审议意见和各方面的意见，对修订草案进行了逐条审议。财政经济委员会、最高人民法院、司法部、国家市场监督管理总局有关负责同志列席了会议。12 月 18 日，宪法和法律委员会召开会议，再次进行了审议。宪法和法律委员会认为，为贯彻落实党中央关于深化国有企业改革、优化营商环境、加强产权保护、促进资本市场健康发展等重大决策部署，修改公司法是必要的，修订草案经过三次审议修改，已经比较成熟。同时，提出如下主要修改意见：

一、有的常委委员、社会公众提出，公司是最重要的市场主体，修改公司法完善中国特色现代企业制度，是贯彻落实宪法关于国家完善“企业经营管理制度”的重要举措，建议增加“根据宪法”制定本法。宪法和法律委员会经研究，建议采纳这一意见。

二、有的常委会组成人员和部门、专家学者、社会公众提出，草案规定的失权制度对股东权利影响较大，建议明确失权的决议程序和失权股东的异议程序。宪法和法律委员会经研究，建议增加规定，公司经董事会决议可以向未按期缴纳出资的股东发出失权通知；股东对失权有异议的，应当自收到失权通知之日起三十日内，向人民法院提起诉讼。

三、有的常委委员和部门、专家学者建议进一步完善公司出资制度，强化股东出资责任。宪法和法律委员会经研究，建议作以下修改：一是在规定有限责任公司股东出资认缴期限不得超过五年的基础上，明确法律、行政法规以及国务院决定可以对有限责任公司股东出资期限作出特别规定，为重点行业领域设定短于五年的认缴期限留出制度空间；二是规定股份有限公司发起人应当在公司成立前按照其认购的股份全额缴纳股款；三是增加对不按照规定公示或者不如实公示出资等有关信息的处罚。

四、有的常委会组成人员、社会公众建议进一步强化职工民主管理、保护职工合法权益。宪法和法律委员会经研究，建议作以下修改：一是在立法目的中增加保护“职工”合法权益的规定；二是增加公司研究决定“解散、申请破产”时听取职工意见的规定。还有的常委委员建议明确审计委员会成员中应当有职工代表。宪法和法律委员会经研究认为，允许公司设置审计委员会履行监督职责，不设监事会或者监事，是要强化审计委员会对公司财务、会计监督的专业性；考虑到审计委员会是一项新制度，对其成员组成保持适当的灵活性和包容性，更有利于实践发展。据此，建议增加规定，公司董事会成员中的职工代表可以成为审计委员会成员。

五、有的常委会组成人员和部门、专家学者建议明确公司收到股东提议召开临时股东会会议的请求时，应当在规定期限内答复股东是否召开会议，以确保股东能够及时自行召集。宪法和法律委员会经研究，建议增加规定，单独或者合计持有公司百分之十以上股份的股东请求召开临时股东会会议的，董事会、监事会应当在收到请求之日起十日内作出是否召开临时股东会会议的决定，并书面答复股东。

六、一些常委会组成人员和部门、专家学者、社会公众建议完善审计委员会的议事方式和表决程序，保障其有效发挥监督作用。宪法和法律委员会经研究，建议增加以下规定：审计委员会作出决议，应当经审计委员会成员的过半数通过；审计委员会决议的表决，应当一人一票；审计委员会的议事方式和表决程序，除本法有规定的外，由公司章程规定。

七、有的常委委员和部门、专家学者、社会公众建议增加股东对全资子公司相关材料的查阅、复制权利，完善股东对全资子公司董事、监事、高级管理人员等提起代表诉讼的程序，更好发挥股东在监督公司治理方面的作用。宪法和法律委员会经研究，建议作以下修改：一是增加股东可以要求查阅、复制全资子公司相关材料的规定；二是增加规定，公司全资子公司的董事、监事、高级管理人员执行职务违反法律、行政法规或者公司章程的规定，或者他人侵犯公司全资子公司合法权益造成损失的，有限责任公司的股东、股份有限公司连续一百八十日以上单独或者合计持有公司百分之一以上股份的股东，可以按照规定书面请求全资子公司的监事会、董事会向人民法院提起诉讼或者以自己的名义直接向人民法院提起诉讼。

八、修订草案三次审议稿第二百二十四条第三款规定，公司减少注册资本，应当按照股东出资或者持有股份的比例相应减少出资额或者股份，本法或者其他法律另有规定的除外。有的代表、部门、专家学者和社会公众提出，等比例减资有利于实现股东平等，但也应尊重公司意思自治，适应商业实践需要，允许股东对非等比例减资作出约定。宪法和法律委员会经研究，建议增加“有限责任公司全体股东另有约定或者股份有限公司章程另有规定”作为等比例减资的例外情形。

此外，还对修订草案三次审议稿作了一些文字修改。

12月14日，法制工作委员会召开会议，邀请部分全国人大代表、专家学者以及市场监管部门、人民法院、协会、企业、中介服务机构等方面的代表，就修订草案中主要制度规范的可行性、法律出台时机、法律实施的社会效果和可能出现的问题等进行评估。普遍认为，修订草案贯彻落实党中央决策部署，坚持问题导向，深入总结实践经验，完善公司资本制度和公司治理结构，加强股东权利保护，强化控股股东、实际控制人和经营管理人员责任，对于完善中国特色现代企业制度、推动经济高质量发展具有重要意义。修订草案内容系统全面，针对性强，符合实际，建议尽快出台。同时，建议有关部门抓紧制定配套规范，深入开展法律宣传，确保法律正确有效实施。与会人员还对修订草案提出了一些具体修改意见，有的意见已经采纳。

修订草案四次审议稿已按上述意见作了修改，宪法和法律委员会建议提请本次常委会会议审议通过。

修订草案四次审议稿和以上报告是否妥当，请审议。

关于《中华人民共和国公司法（修订草案四审稿）》修改意见的报告（2023 年 12 月 29 日）

全国人民代表大会常务委员会：

本次常委会会议于 12 月 25 日下午对公司法修订草案四次审议稿进行了分组审议。普遍认为，修订草案已经比较成熟，建议进一步修改后，提请本次常委会会议表决通过。同时，有些常委会组成人员和列席人员还提出了一些修改意见和建议。宪法和法律委员会于 12 月 25 日晚召开会议，逐条研究了常委会组成人员和列席人员的审议意见，对修订草案进行了审议。财政经济委员会、最高人民法院、司法部、国家市场监督管理总局有关负责同志列席了会议。宪法和法律委员会认为，修订草案是可行的，同时，提出以下修改意见：

一、有些常委委员建议明确公司应当按照规定真实、准确、完整公示相关信息，提高公司披露信息的透明度和准确性。宪法和法律委员会经研究，建议采纳这一意见，在修订草案四次审议稿第四十条中增加规定，公司应当确保公示信息真实、准确、完整。

二、修订草案四次审议稿第五十条规定，有限责任公司设立时的股东，在出资不足的范围内承担连带责任。有的意见提出，上述要求应仅适用于设立时股东未实际缴纳出资或实际出资的非货币财产的实际价额显著低于所认缴的出资额的情形，建议进一步予以明确。宪法和法律委员会经研究，建议采纳这一意见，对相关表述进行调整。

三、修订草案四次审议稿第一百三十六条第二款对上市公司章程应当载明的事项作了规定。有的常委委员提出，上市公司章程修改程序复杂，成本较高，建议适当简化有关记载事项。宪法和法律委员会经研究，建议删去其中的董事会专门委员会的“议事规则”，将“薪酬与考核机制”修改为“薪酬考核机制”。

四、有的常委委员提出，董事会根据公司章程或者股东会授权决定发行股份，会导致公司注册资本、已发行股份数发生变化，仅因此项记载事项发生变化需要修改公司章程的，不需再由股东会表决，建议予以明确。宪法和法律委员会经研究，建议采纳这一意见。

还有一个问题需要汇报。国家市场监督管理总局建议对新法施行前已设立的公司的出资期限设置过渡期，并授权国务院制定具体办法。根据国家市场监督管理总局的意见，宪法和法律委员会经研究，建议增加规定：“本法施行前已登记设立的公司，出资期限超过本法规定的期限的，除法律、行政法规或者国务院另有规定外，应当逐步调整至本法规定的期限以内；对于出资期限、出资额明显异常的，公司登记机关可以依法要求其及时调整。具体实施办法由国务院规定。”同时，宪法和法律委员会建议，法律出台后，国务院方面应当抓紧制定实施办法，保证与法律同步实施并做好宣传解读工作。

经与有关方面研究，建议将修订后的公司法施行时间确定为 2024 年 7 月 1 日。

此外，根据常委会组成人员的审议意见，还对修订草案四次审议稿作了个别文字修改。

修订草案修改稿已按上述意见作了修改，宪法和法律委员会建议本次常委会会议审议通过。

修订草案修改稿和以上报告是否妥当，请审议。